CW01643492

Pour l'éditeur, le principe est d'utiliser des papiers composés de fibres naturelles, renouvelables, recyclables et fabriquées à partir de bois issus de forêts qui adoptent un système d'aménagement durable.

En outre, l'éditeur attend de ses fournisseurs de papier qu'ils s'inscrivent dans une démarche de certification environnementale reconnue.

Tous droits réservés. Toute reproduction ou utilisation de l'ouvrage sous quelque forme et par quelque moyen électronique, photocopie, enregistrement ou autre que ce soit, est strictement interdite sans l'autorisation de l'éditeur.

© Marabout 2008

ISBN : 978-2-501-05646-5

Codif : 40.4520.9 / 01

Dépot légal : juin 2008

Imprimé en Espagne par Graficas Estella

Tambouille

Clotilde Boutrolle

Christelle Marécaille

• MARABOUT •

Sommaire

C'est l'heure du goûter
- parce qu'entre le déjeuner et le dîner parfois c'est trop long -

Chic et pas Cher
- on sort le grand jeu... -

C'est moi qui l'ai fait !
- basics et idées géniales -

Qui sommes nous?

La cuisine n'est pas notre métier, ni même notre hobby favori. Mais il faut bien manger, et si possible pas tous les jours la même chose.

Comme nous avons la chance d'être gourmandes et d'avoir à domicile des cobayes affamés et des critiques impitoyables (nos sept enfants et nos chéris), nous avons concocté au fil du temps un bon stock de recettes fiables et tous terrains.

Régaler des tablées de copains ne nous fait pas peur et les épater à l'occasion nous amuse dès lors que l'on ne passe pas des heures en cuisine. Car nous n'avons pas que ça à faire : dans la vraie vie on travaille, et pas derrière des fourneaux. Pas de grande cuisine donc, mais plutôt des raccourcis, des simplifications, des astuces, et hop, et zou, c'est fini.

L'histoire de ce livre a commencé par hasard, un été, alors que l'on paressait dans un transat au soleil :
- Il était sympa ton gratin hier soir, faudra que tu me dises comment tu fais, j'ai décidé de remettre un peu à jour mon carnet de recette.
- Ne m'en parle pas, j'ai promis d'illustrer le mien avant de le photocopier pour les copines, et je n'arrive pas à m'y mettre.
- On n'a qu'à faire ça ensemble.
- Oh... Et si on faisait un blog ?
- Tiens oui, ce serait marrant !

Et c'est parti. Le blog www.tambouille.fr a rapidement vu le jour avec l'aide de notre copain Olivier. Clotilde a illusté ses recettes, Christelle, qui ne dessinait pas, a bien été obligée de s'y mettre. Les copines ont commençé à venir voir et, le bouche à oreille aidant, nous nous sommes petit à petit retrouvées avec des lecteurs, de plus en plus de lecteurs qui un jour ont fini par nous dire :
- Hé, il y en a marre d'imprimer les recettes, vous ne pourriez pas nous faire un bouquin ?
- Ah... On va se renseigner !

Quelques mails plus tard, totalement inconscientes du boulot que cela représente, nous nous lancions dans cette aventure.

Clotilde

Christelle
Au quotidien, Christelle conseille les créateurs d'entreprise et contemple la mer de son bureau. Elle régale jour après jour Jules, Lucie, Emile et le plus difficile de tous, son chéri Hugues.

Elle a la chance de pouvoir faire ses courses à pied, de posséder un four programmable et d'être sourde aux questions du type : "C'est quoi ce truc vert dégueu dans nos assiette ?"

Un peu speedée, elle cuisine toujours en faisant autre chose : en papotant au téléphone, en faisant les devoirs de l'un ou l'autre ou en payant les factures, voire les 3 en même temps.

Son gros point faible est son frigo dont la gestion laisse parfois à désirer. Il passe du plein à craquer au vide sidéral sans qu'elle comprenne vraiment comment et elle ne sait pas pourquoi, elle finit toujours par y retrouver des trucs périmés.

Elle s'est lancé le défi personnel de tester la réalisation de tous les plats possibles et imaginables au four micro-ondes ce qui laisse Clotilde perplexe. Elle a en revanche renoncé à tout jamais à dompter l'agar-agar.

Christelle a la fâcheuse manie de ne rien prendre au sérieux et de se moquer parfois de celles et ceux qui l'entourent, ce qui explique un peu le ton de ce livre.

Clotilde
Clotilde est styliste, elle travaille chez elle, souvent dans sa cuisine. Elle nourrit quotidiennenement Marguerite, Octave, Violette, Achille et bien sûr Stéphane, son bien-aimé.

Elle a la chance d'avoir un poulailler, une cuisinière de compétition (son AGA) et un optimisme à toute épreuve.

Par contre, distraite et un peu gaffeuse de nature, elle est une spécialiste des "cramites" qu'elle renouvelle avec beaucoup d'imagination.

Ses domaines de prédilection sont les plats mijotés et les variations autour des pique-niques dinatoires. Elle a réussi à percer le secret de l'agar-agar au grand damne de Christelle.

Elle mesure souvent les ingrédients avec des tasses, à l'anglo-saxonne, ce qui fait ronchonner Christelle qui préfère jouer avec sa balance.

Elle est aussi fortiche en recyclage des restes, et du pain en particulier, pour lequel elle fait montre d'une imagination sans limite (hélas dirons ses enfants).

Ses points faibles restent la mousse au chocolat, qu'elle réussit une fois sur cinq (et encore) et sa gourmandise, la liste de ses addictions étant abbysale.

Elle a aussi la fâcheuse manie de dessiner partout et à toutes heures, ce qui explique un peu la forme de ce livre.

Christelle

Comment lire ce livre?

Ce livre, qui est aussi notre carnet de recettes perso, s'adresse à tous ceux et celles qui, comme nous, aiment passer plus de temps à table que derrière les fourneaux. Les recettes tiennent pour la plupart sur une page et un rapide coup d'oeil à l'illustration doit permettre d'en comprendre l'esprit : elles sont faciles ! Nous utilisons des ingrédients basiques et trouvables dans n'importe quelle superette. Bref, il s'agit d'une cuisine quotidienne, rapide et familiale.

Si vous êtes d'humeur vagabonde, vous pouvez ouvrir ce bouquin au hasard. Il est parfaitement adapté à une lecture au petit bonheur la chance puisque l'on a essayé de mettre des surprises et des ambiances différentes dans chaque double page.

Si vous êtes du genre organisé ou un peu pressé : il y a un sommaire bien ordonné, les recettes sont rangées par thème, et un index par ingrédients, ça devrait vous simplifier la vie.

Nous avons essayer de classer les recettes en 5 rubriques qui correspondent chez nous à 5 occasions de cuisiner:

- **À table tout le monde !** Des plats complets, simples et consensuels qui permettent de régaler la famille, mais aussi une bonne tablée de copains.

- **C'est pas que pour les enfants** Des recettes régressives et super rapides qui plairont aux enfants, certes, mais le plus souvent à tout le monde car qui n'aime pas les croque-monsieur ?

- **C'est l'heure du goûter** Le titre est assez explicite, c'est la rubrique gâteaux et douceurs qui comblera les gourmands.

- **Chic et pas cher** On passe là dans la cuisine version épate pour s'amuser sans trop se compliquer la vie quand même.

Et enfin,

- **C'est moi qui l'ai fait !** Quelques grands basiques qui sont bien meilleurs fait maison que dans leur version industrielle.

Toutes nos recettes ont été testées, re-testées et souvent critiquées par nos lecteurs. Vous pouvez donc vous appuyer dessus, elles fonctionnent. Pour autant, elles ne sont pas gravées dans le marbre et peuvent être adaptées à vos goûts, à vos envies et à l'état de vos stocks. Hors de question d'abandonner une recette qui vous fait saliver juste parce qu'il vous manque un petit ingrédient de rien du tout. Non ! Improvisation et substitution sont tout à fait possible. Alors, s'il vous manque des raisins secs, osez mettre des amandes, des abricots secs ou rien...

mini-conseils

Le matériel

En réalité, pour cuisiner, il n'est ni nécessaire de posséder une collection de robots, ni une batterie de cuisine professionnelle, pas de complexe à avoir du côté de l'équipement, ce n'est heureusement pas là que se joue la réussite d'un bon petit plat. Nous avons toutes les deux commencé avec un mini-four électrique, un robot plongeur acheté chez Emmaüs, et des ustensiles dépareillés et usagés récupérés à droite à gauche. Nous faisions des choses tout à fait délicieuses... et des choses parfaitement ratées, exactement comme aujourd'hui, alors que notre équipement s'est sensiblement amélioré.

Maintenant ne crachons pas dans la soupe : du bon matériel permet surtout de travailler plus vite et plus confortablement... C'est déjà pas si mal. Alors si vous vous posez la question sur l'équipement adéquat, voici quelques pistes :

Les robots

Un robot doit normalement pouvoir occuper plusieurs fonctions, les plus utiles sont certainement "mixer" et "mélanger".

Dans nos cuisines, plutôt que de miser sur un robot-qui-fait-tout, on en trouve plutôt deux : un qui mélange, qui monte les blancs en neige et prépare les pâtes, l'autre qui mixe, hache et râpe. Cela permet de préparer plusieurs choses à la fois. Nous sommes aussi fidèles à nos vieux batteurs-plongeurs très pratiques, qui permettent de mixer une soupe ou une purée directement dans la casserole (moins de vaisselle en perspective).

Les ustensiles

La liste de tous les ustensiles de cuisine intéressants serait trop longue mais disons que s'il fallait en choisir un, Christelle désignerait sans hésiter ses ciseaux (qui coupent bien), c'est son arme magique et tout y passe : viande, tartes, pâtes... Clo, elle, vénère ses couteaux, de vrais couteaux professionnels qui, grâce à leur précision et leur efficacité, lui font gagner un temps fou.

Plus souvent sur l'égouttoire à vaisselle qu'au fond des placards, on trouve aussi :

- des plaques à pâtisserie pour les pizzas et les petits gâteaux
- des "bons" moules en silicone (à ne pas confondre avec les "mauvais" moules qui ne se démoulent pas et sont une vraie corvée à nettoyer. Comment faire la différence ? Nous n'avons trouvé hélas qu'une seule solution : les tester.)
- une cocotte en fonte avec couvercle et un plat à gratin, tous deux adaptés aux cuissons longues.
- un wok pour les poêlées et les légumes sautés.

Et aussi, il nous faut absolument dire du bien du papier sulfurisé, qui fait vraiment gagner du temps au démoulage et évite pas mal de vaisselle. Chez nous une même feuille repasse plusieurs fois au four, faut pas gaspiller !

Les modes de cuisson

Parmi nos astuces pour gagner du temps, la cuisson est certainement une des plus intéressantes.

En effet, même si nous sommes généralement pressées, nous adoptons souvent le mijotage et les cuissons longues. Pour cela, il suffit juste d'un peu d'anticipation et si, en plus, on a la chance d'avoir un four programmable qui s'éteindra tout seul en fin de cuisson, c'est encore mieux. L'avantage des plats mijotés, c'est qu'ils sont adaptés à de grandes tablées de copains et ils ne nécessitent pas de préparation complexe pour être délicieux, c'est la cuisson longue qui lui apporte de l'intérêt et de la saveur : le temps travaille à notre place.

Un morceau de viande, quelques légumes, quelques épices jetés vite fait dans une cocotte se transforment après 2 à 3 heures de cuisson en un petit plat délicieux. Donc avant de partir au boulot ou en vadrouille : hop, une cocotte au four et le repas suivant est géré.

Bien sûr, on a pas toujours le loisir de pouvoir anticiper. Dans ces cas-là, le cuit-vapeur peut nous donner un sacré coup de main, les cuissons y sont relativement rapides, très saines et il permet de préparer des repas complets sans trop de surveillance : du riz au rez-de chaussée, du poisson et des petits légumes dans les étages et zou, 10 minutes après c'est prêt !

Que stocker?

Quelques exemples de nos produits favoris (en plus de la farine, du sucre, des oeufs, du lait et du beurre) qui nous permettent de faire face à des dîners imprévus ou des pannes d'imagination.

Chez Christelle on trouve,

dans les placards :

- des nouilles chinoises pour faire des nouilles sautées.
- des pots de pesto verde & rosso pour assaisonner tout ce qui passe.
- des lentilles parce que ça permet de rassasier un régiment rapidement.
- du bouillon en cubes qui donne du goût aux pâtes, aux soupes et à tous les plats mijotés.
- du thon en boîte pour faire des oeufs mimosa.
- des boîtes de confit de canard pour préparer un plat complet les jours fériés.
- des flocons d'avoine pour des crumbles salés et sucrés.
- des spéculoos pour concocter des petits desserts vite faits.
- du vin blanc "de table" pour les sauces et les cuissons mijotées.
- du miel pour les sauces sucrées-salées et les desserts improvisés.

dans le frigo :

- des carrés de fromage frais pour remplacer la crème.
- de la pâte de colombo pour donner du goût aux plats de viande et de poisson.
- de la crème fleurette pour les envies de chantilly.
- de la pâte feuilletée pour des tartes vite faites ou des petits feuilletés salés.
- des lardons allumettes pour les pizzas, les tartes salées et les lentilles.
- du fromage blanc pour un dessert improvisé.
- du parmesan pour donner du goût aux salades, aux soupes ou gratiner des plats au four.
- du chorizo pour pimenter les plats en sauce.
- de la salade en sachet pour égayer les assiettes ou faire de la soupe.
- et bien sûr des carottes, des endives, du céleri...

au congèlateur :

- des herbes aromatiques pour donner une green touch' à tous les plats.
- de l'ail et des échalotes pour en mettre partout.
- du beurre "à escargot" pour donner bon goût aux pâtes, aux champignons, aux poêlées de légumes.
- des restes de sauces pour improviser un risotto ou un plat de pâtes.
- de la glace vanille un bon joker pour le dessert.
- des framboises surgelées pour un smoothie, une tarte ou une coupe de glace.
- des blancs de poulet pour des nuggets, un wok ou des pâtes.
- des galets d'épinard pour une tarte ou une soupe.
- des coquilles Saint-Jacques pour un dîner chic de dernière minute.
- des spares ribs pour un dîner entre copains qui s'organise dans la journée.

Chez Clotilde on trouve,

dans les placards :

- du bon riz, au moins du thaï et du basmati, et du riz rond pour le risotto et le riz au lait.
- de la sauce de soja pour le riz et... tout le reste.
- des mélanges exotiques de fruits secs pour le chutney et les compotes.
- du lait de coco pour les soupes et les currys.
- des amandes entières et en poudre pour les amaretti et les macarons.
- des noisettes et des cacahuètes apéritif pour les poêlées de légumes.
- de la poudre de coco pour les rochers et les crumbles.
- du cumin en poudre pour la pâte brisée, la soupe de carotte, les oeufs brouillés.
- de la cannelle en bâton, des poivres, de la cardamome.
- du sésame de toutes les couleurs pour le poulet "hop hop".
- de la sauce tomate pour le rougaille et les pizzas.
- des tomates en boîtes et des poivrons en conserve pour les plats mijotés, les sauces pour les pâtes.
- des cerises à l'eau de vie pour accompagner une glace à la vanille.

dans le frigo :

- des courgettes parce que vraiment on peut en faire mille choses.
- des anchois, des câpres pour donner du goût aux sauces.
- du gingembre frais parce que c'est bon.
- du fromage ail & fines herbes pour parfumer un gratin de courgette, bricoler une sauce, voire une vinaigrette.
- des curries en pâtes, vert, rouge, mild, hot et depuis peu (grâce à Christelle) de la pâte de colombo.
- de la sauce hoisin.
- des feuilles de filo pour les croustillants salés ou sucrés.
- de la ricotta pour des lasagnes ou une farce.
- de la chantilly, ça donne un air d'exception à n'importe quel dessert.
- du caramel liquide pour une faisselle, une boule vanille, des fruits frais...

au congélateur :

- des oignons émincés pour économiser du temps et des larmes
- des aubergines grillées pour faire des lasagnes.
- du gingembre émincé parce que c'est toujours bon.
- des tiges de citronnelle, pour parfumer les bouillons.
- des cubes de levure de boulanger pour faire du pain.
- des crevettes pour une petite soupe thaïe ou accompagner des pâtes.
- des haricots verts pour du vert l'hiver.
- des poêlés de légumes.

et aussi...

... sur notre fenêtre dès les premiers beaux jours :
plusieurs sortes de basilic, des ciboulettes, du persil plat, du thym antillais et toute l'année, du laurier.

Dans le jardin des trucs qui poussent tous seuls :
- des courgettes, des vertes et des jaunes.
- de la rhubarbe.
- des côtes de bettes.
- de la roquette ou du mesclun qui pousse aussi très bien en pots.
- des tomates cerises rouges et jaunes.
- des plantes aromatiques comme la verveine et la menthe.
- des capucines car tout se mange : fleurs et feuilles !

Équivalences &abréviations

Au fil des pages vous trouverez les abréviations suivantes :
c. à c. pour cuillère à café
c. à s. pour cuillère à soupe
t pour tasse
l pour litre
min pour minute(s)

En ce qui concerne les tasses, voici les équivalences:
1 t de farine = 125 g
1 t de farine complète = 150 g
1 t de sucre = 250 g
1 t de sucre roux = 220 g
1 t de noix de coco rapée = 90 g
1 t d'amandes entières = 155 g
1 t de parmesan rapé = 100 g
1 t de miel = 300 g
1 t de framboises entières = 125 g
1 t d'herbes de jardin hachées = 50 g (persil, basilic, roquette)
Pour cuisiner avec les tasses, trouver un verre mesureur gradué en tasse (ou cup) ou dégotter une tasse ou un bol qui contienne 125 g de farine.

Pour la cuisson au four, nous utilisons les températures en degré celsius, pour convertir en valeur thermostat, il faut en gros diviser par 30 ou par 3 puis retirer le dernier chiffre :

180 °C = 180/3 = 60 = th 6

A table
tout le monde !

- Allo, Chériiiie, j'ai invité les voisins à dîner ce soir et comme je croisais justement Olivier et Maïma, je leur ai proposé de se joindre à nous, ça va être sympa hein?
- Ca va être très sympa ! Qu'est-ce que tu leurs prépares à manger ?
- Euh, pourquoi tu dis ça, t'es fâchée ? (Bien vu, chez nous ce sont les filles qui cuisinent. Nos maris, même s'ils sont bourrés de qualités, sont de vrais catastrophes en cuisine. Quand on leur propose de cuisiner, c'est donc effectivement mauvais signe.)
- Je ne suis pas fâchée mais là tu vois, je travaille et je rentre tard.
- Oh, mais tu dis toujours que tu préfères les dîners improvisés alors justement, c'est l'occasion de faire vite fait un de tes plats tout simples, un truc facile que tout le monde aime !

Défis et flatterie, ce n'est pas très fair-play... Mais s'il s'engage à faire la vaisselle à la fin du repas et à poser une applique dans mon bureau, on doit pouvoir s'arranger.
D'autant qu'effectivement rien n'est plus sympa qu'un dîner organisé de façon spontané, à la dernière minute, avec de bons copains. Moins guindé, on peut se permettre de proposer un plat unique, de zapper l'entrée, de mettre les invités à contribution pour le dessert et de dîner dans la cuisine.

Et si en plus on a un petit stock de recettes rapides à préparer qui vont mijoter pendant l'apéro...

Flamenkuch

préparation : 10 min - cuisson : 15 min

Pour 6 personnes
1 boule de pâte à pizza (p. 137)
750 g de fromage blanc battu
2 c. à s. de crème fraîche
3 jaunes d'œufs
100 g de lardons allumettes
1 oignon
sel & poivre
en option :
une poignée de gruyère râpé

1 Préparer la pâte, puis l'étaler sur une plaque huilée allant au four.

2 Mélanger le fromage blanc, la crème et les jaunes d'œufs. Poivrer et saler.

6 et enfin, éventuellement, le gruyère râpé.

7 Enfourner à 250 °C pour environ 15 min.

En cas de flemme absolue, étaler un rouleau de pâte feuilletée toute prête. Christelle

Lasagnes d'aubergines

préparation : 10 min - cuisson : 20 min + 30 min

Pour 6 personnes
2 belles aubergines
ail semoule
1 paquet de lasagnes
1 pot de sauce tomate cuisinée
1 boule de mozzarella
33 cl de crème fleurette
sel

Couper les aubergines en tranches et les faire griller au four 20 min en les saupoudrant de sel et d'ail en poudre.

Monter les lasagnes en alternant dans un plat creux lasagne, aubergine, sauce tomate, lasagne, etc...

Terminer par des tranches de mozzarella et de la crème fleurette pour bien recouvrir la dernière feuille de lasagne.

Enfourner 30 min à 220 °C.

Les tranches d'aubergines grillées se congèlent très bien, ce qui permet de faire ensuite, en un clin d'œil, ce genre de recette. On les trouve aussi toutes prêtes au rayon des surgelés. Clo

Pommes de terre au four

préparation : 5 min - cuisson : au moins 1 h

Pour 6 personnes
10 à 12 pommes de terre
et au moins autant
de feuilles de laurier

Une ou deux feuilles piquées dans les pommes de terre avant de les cuire au four (une bonne heure à 200 °C, à adapter selon leur taille) et pour finir, du beurre et de la fleur de sel...

Travers de porc caramélisés

préparation : 15 min la veille - cuisson : 2 - 3 h

Pour 6 personnes
1 kg de travers de porc
2 échalotes émincées
1 gousse d'ail écrasée
3 c. à s. de vinaigre
2 c. à s. de sauce de soja
2 c. à s. de miel
1 pot de sauce tomate
poivre
et si on les aime "hot"
de la sauce chili
ou de la purée de piment

LA VEILLE POUR LA MARINADE, MÉLANGER :

les échalotes émincées, l'ail écrasé
le vinaigre, la sauce de soja
le miel et la sauce tomate, du poivre
et, si on les aime "hot", de la sauce chili
ou de la purée de piment.

LE LENDEMAIN, FAIRE RÔTIR AU FOUR 2-3 H à 140 °C.

En cas de "busy-day" (boulot ou copains) c'est magique :
on nourrit des hordes et ça attend des heures à feu doux...

Rougaille express

préparation : 10 min - cuisson : 30 min

Pour 6 personnes
4 ou 6 saucisses fumées
2 pots (400 g) de sauce tomate cuisinée
2 c. à s. de gingembre émincé
1 bouquet de thym
2 tomates fraîches
1 c. à c. d'ail semoule
1 c. à s. d'huile neutre
1 c. à c. de purée de piment

Dans un plat allant au four, faire dorer des saucisses découpées en rondelles, versez dessus la sauce tomate et 1 c. à s. de gingembre émincé et ajouter une bonne poignée de thym.
Mettre à mijoter une demi-heure à four doux (150 °C).

Dans un bol, mélanger les tomates (épluchées si possible) débitées en petits dés, ajouter l'autre c. à s. de gingembre émincé, l'ail frais écrasé (ou semoule), le piment et l'huile.

Servir avec du riz thaï et la sauce à coté.

Lentilles au chorizo

préparation : 10 min - cuisson : 25 min

Pour 4 personnes
2 verres de lentilles
4 verres d'eau
1 chorizo
1 c.à s. d'huile d'olive
4 gousses d'ail
2 carottes
1 petite boîte de concentré de tomate
1 bouillon cube
1 feuille de laurier
1/2 c.à c. de gingembre
2 c.à s. de vinaigre

Dans une cocotte faire rissoler quelques minutes les lentilles dans l'huile avec l'ail et les carottes en rondelles.

Ajouter le chorizo en rondelles, le gingembre et le vinaigre.

Ajouter enfin l'eau, le bouillon cube, le concentré de tomate et le laurier. Laisser mijoter environ 25 min.

Crumble de curry

préparation : 40 min - cuisson : 30 min

Pour 6 personnes

pour le curry :
2 c. à s. de pâte de curry
2 c. à s. d'huile
1 gros morceau de gingembre
2 oignons paille
3 poireaux
3 oignons nouveaux
1 poivron vert
1 boîte de lait de coco
500 g de rôti de porc
2 gousses d'ail écrasées

pour les miettes :
1 t (90 g) de coco râpée
1,5 t (200 g) de farine
100 g de beurre
1 c. à c. de sel
2 c. à s. de sucre

Émincer les légumes et les faire revenir dans 1 c. à s. d'huile et autant de pâte de curry au wok en suivant à peu près l'ordre du dessin. Les faire sauter en remuant régulièrement.

Pendant ce temps, couper la viande en petits morceaux et les faire revenir en les faisant sauter dans 1 c. à s. d'huile chaude, le reste de pâte de curry et l'ail.

Réunir les deux préparations et mouiller avec le lait de coco, compléter d'un peu d'eau si besoin. Saler. Couvrir et laisser mijoter à feu doux 30 min au moins. Tourner de temps à autre.

Préparer les miettes en mélangeant la farine, la poudre de coco, le sel, le beurre et le sucre de façon à obtenir un sable grossier.

Verser le curry dans un plat à gratin, recouvrir des miettes et faire dorer au four 30 min à 200 °C.

Potée à l'andouille

préparation : 15 min - cuisson : 1 h 30 minimum

Pour 4 à 5 personnes
800 g d'andouille
1 bouteille de vin blanc
6 à 8 pommes de terre
50 g de beurre
1 gousse d'ail
1 chou
4 carottes
2 poireaux

1 Couper le chou en quatre et éliminer le trognon.

2 Faire blanchir le chou 10 min dans l'eau bouillante.

3 Dans une cocotte, faire revenir le chou blanchi dans le beurre.

4 Ajouter 4 carottes en rondelles, 2 poireaux, 4 gousses d'ail, du thym et du laurier.

5 Ajouter une bouteille de vin blanc, puis de l'eau jusqu'à couvrir les légumes. Laisser mijoter au moins 50 min.

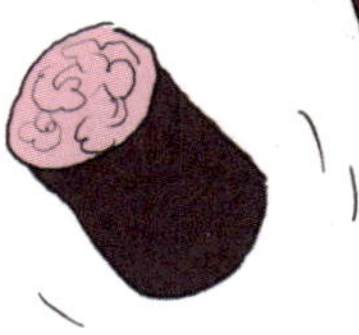

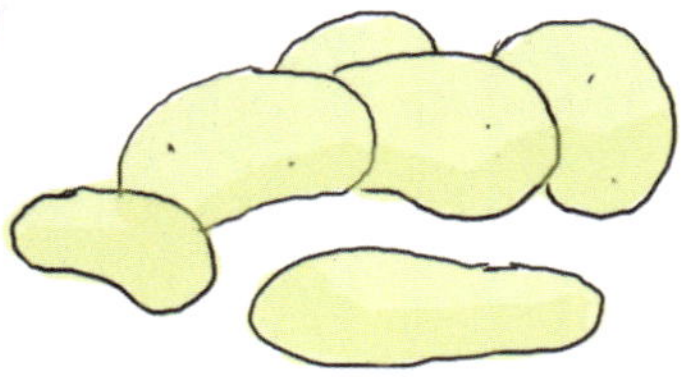

6 20 à 30 min avant de servir, déposer quelques pommes de terre épluchées et un tronçon d'andouille de Vire ou de Guéméné.

7 Au moment de servir, couper l'andouille chaude en tranches épaisses.

Porc Vindaloo

préparation : 15 min - repos : 24 h - cuisson : 3 h

Pour 6 personnes
1,5 kg d'échine de porc
15 cl de vinaigre
15 cl d'eau
10 feuilles de laurier
1 c. à c. de grains de cumin
1 c. à s. de grains de coriandre
2 c. à c. de 4 épices
1 pincée de chili
1 c. à c. de curcuma (facultatif)
1 c. à c. de gigembre en poudre
3 tours de moulin à poivre
3 c. à s. d'ail surgelé
ou 5 à 6 gousses

La veille : rassembler tout les ingrédients dans une marmite allant au four, bien mélanger pour imprégner la viande et déposer au réfrigérateur pour 24 h. Remuer une à deux fois pendant ce repos.

Le jour J : enfourner la marmite 3 h avant l'heure du repas, à 150 °C.
C'est prêt 3 h après environ.
Servir avec du riz ou un curry de légumes.

Poulet tandoori

préparation : 15 min - repos : 1 h - cuisson : 1 h 30

Pour 4 à 5 personnes
1 poulet en morceaux
le jus d'un citron
3 oignons
5 à 6 gousses d'ail
1 petit morceau de gingembre (10 g)
2 petites boîte de concentré de tomate
10 cl de vinaigre
1 yaourt nature
sel & poivre

1 Au robot, mixer les oignons, le gingembre, le concentré de tomate, le citron, le vinaigre et l'ail.

2 Passer cette purée au micro-ondes, 10 min dans un saladier (puissance maxi).

3 Laisser tiédir la purée, puis ajouter un yaourt nature.

4 Enduire le poulet avec ce mélange et laisser reposer 1 h avant de passer le tout au four pour 1 h 30 à 200 °C. Ajouter éventuellement un à deux verres d'eau au fond du plat en cours de cuisson.

Hachis délicieux

préparation : 20 min - cuisson : 40 min

Pour 6 personnes
1 boîte de confit de canard (4 cuisses)
2 oignons
1 céleri-rave
8 pommes de terre
10 cl de lait
ou 500 g de purée de céleri surgelée
et 500 g de purée de pomme
de terre surgelée
1 c.à s. de cassonade
3 c.à s. de vinaigre
4 c.à s.de chapelure
sel & poivre

1

Dans un récipient allant au micro-ondes, déposer : les oignons émincés, le sucre, le vinaigre et 3 c. à s. d'eau. Faire cuire 10 min puissance maxi.

2

Ouvrir la boîte, sortir les cuisses de canard, retirer le maximum de graisse et passer rapidement sous l'eau chaude pour bien les dégraisser. Désosser les cuisses et retirer la peau.

3

Préparer une purée en cuisant les légumes à la vapeur puis en les écrasant à la fourchette avec le lait, du sel et du poivre ou alors, décongeler les purées et les mélanger.

et hop, assemblage!

4 Au four pour 40 min à 200 °C. Servir chaud avec une petite salade verte.

Poulet aux abricots

préparation : 10 min - repos : 1 nuit - cuisson : 1 h30

Pour 6 personnes
1 poulet de 1,5 kg découpé
750 g d'abricots mûrs
75 cl de muscadet blanc
1 verre d'huile d'olive
2 branches de romarin
5 feuilles de laurier
ail frais écrasé
sel & poivre

Réunir tous les ingrédients dans une jatte, couvrir et laisser mariner une nuit au frigo.

Le lendemain, verser dans un plat et cuire au four 1 h 30 à 180 °C.

Poulet au cidre

préparation : 10 min - cuisson : 1 h 30

Pour 6 personnes
1 poulet de 1kg découpé en morceaux
250 g de lardons
1 tasse (150 g) de mélange exotique
75 cl de cidre

Émincer les oignons et les faire fondre dans un peu d'huile, ajouter les lardons.

Ajouter les morceaux de poulet et la tasse de mélange exotique.

Recouvrir de cidre et enfourner à 180 °C pour 1 h 30.

À mi-cuisson, retourner les morceaux et compléter en cidre si besoin.

Pain au lard

préparation : 15 min - repos 3 h - cuisson : 45 min

Pour les gens
1 paquet de préparation pour pain
350 ml d'eau tiède
1 paquet (200 g) de lardons
100 g de comté

Suivre les instructions du paquet pour préparer la pâte.
(en gros: pétrir 10 min 500 g de farine à levain incorporé avec 350 ml d'eau tiède)

Laisser lever 1 heure couvert dans un endroit chaud. (posé sur un radiateur par ex)

Quand la pâte a doublé de volume, pétrir 2 min en incorporant les lardons et le fromage coupé en petits morceaux.

Étaler dans un plat en tôle, couvrir et laisser encore lever 1/2 heure, cuire à four très chaud 220 °C 40 min environ.

Placer un récipient d'eau chaude dans le bas du four aide la pâte à lever pendant la cuisson.

Gigot d'agneau oublié

préparation : 10 min - cuisson : 2 à 3 h

Pour 6 à 8 personnes
1 gigot d'agneau de 1,5 à 2 kg
1/2 verre de :
ciboulette ciselée
sarriette ciselée
romarin ciselé
persil ciselé
thym ciselé
5 gousses d'ail écrasées
1 c. à s. de sel
1/2 c. à s. de poivre
1 c. à s. de cumin
5 à 6 c. à s. d'huile d'olive

La veille (si possible), faire une pâte avec tous ces ingrédients. Enrober et masser le gigot avec cette pâte, filmer et réserver au frigo.

Le jour J, enfourner à 150 °C 2 à 3 h et ensuite le temps que vous voulez à 110 °C.

C'est une recette en or, car c'est une authentique recette de feignasse...
En accompagnement : une bonne salade verte (offerte par la voisine) et un Mash-potatoes, ça vous laisse tout le temps de profiter de l'apéro, de la famille et des copains.
Le dessert ? Mais ce sont les invités qui l'apportent, voyons !

Clo

Salade de légumes grillés

préparation : 15 min - cuisson : 20 min

Pour 4 personnes

trucs pas à griller :
- 3 tomates fraîches
- quelques tomates séchées à l'huile
- huile d'olive
- sel & poivre

trucs à griller :
- 1 poivron de chaque couleur
- 2 oignons
- 2 courgettes
- 4/5 gousses d'ail

1

Couper les poivrons en 4, les autres légumes en 2 et les poser, peau vers le haut sur 2 feuilles d'aluminium. Placer sous le grill du four.

2

Pendant que les autres légumes grillent, détailler et épépiner les tomates fraîches en petits dés.
Couper les tomates séchées en lamelles.

3

Surveiller vos légumes. Retirer les oignons, les courgettes et l'ail lorsqu'ils sont dorés. Laisser brûler la peau des poivrons.

4

Laisser refroidir, puis retirer la peau des poivrons et couper tous les légumes en petits morceaux aux ciseaux.

5

Déposer tous les légumes et tomates dans un saladier, ajouter 3 cuillères à soupe de bonne huile d'olive, du sel, du poivre et servir avec une viande grillée, par exemple.

Brochettes au pain

préparation : 25 min - repos : 1 heure - cuisson : 20 min

Pour 6 personnes
1 gigot d'agneau
1 baguette de pain dur
5 c. à s. d'huile d'olive
25 cl de vin blanc
2 c. à s. d'ail surgelé
2 c. à s. d'échalote surgelée
4 feuilles de laurieir
1 branche de romarin
2 c. à s. de persil

1

Découper dans un gigot d'agneau (ou dans la selle) des cubes de 4 cm de côté.

2

Préparer une marinade avec l'huile d'olive, le vin blanc, l'ail, l'échalote, les feuilles de laurier, la branche de romarin et le persil et faire mariner la viande au moins une heure.

3

Au moment de préparer les brochettes découper des cubes de pain dans une baguette un peu rustique, imbiber le pain de marinade.

4

Monter les brochettes: viande, oignons nouveaux et pain.

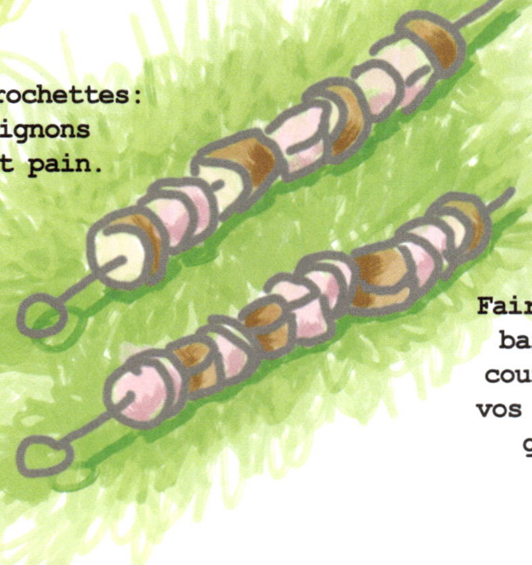

5

Faire cuire les brochettes au barbecue si vous êtes trés courageux et nostalgiques de vos années scouts... Sinon au gril, c'est bien aussi!

Courgettes farcies

préparation : 10 min - cuisson : 30 min

Petits farcis à la ricotta

Pour 6 personnes
6 courgettes rondes
1 pot (250 g) de ricotta
4 tranches de jambon blanc fumé
ou 1 paquet (200 g) de lardons poêlés
1 bouquet de menthe

ALLER DANS LE POTAGER CUEILLIR 6 PETITES COURGETTES RONDES.

COUPER EN LAMELLES 4 TRANCHES DE JAMBON BLANC FUMÉ.

CREUSER LES COURGETTES À LA PETITE CUILLÈRE ET LES PASSER AU FOUR 20 MIN À 220 °C.

MÉLANGER LA MOITIÉ DE LA CHAIR AVEC LE JAMBON, LA MENTHE ÉMINCÉE ET LA RICOTTA.

FARCIR LES COURGETTES ET CUIRE AU FOUR 30 MIN À 220 °C.

Potimarron surprise

préparation : 15 min - cuisson : 2 à 3 heures

Pour 6 personnes
1 potimarron (26 cm de diam. environ)
1 l de crème liquide
400 g de gruyère râpé
1 baguette en croûtons (p. 140)
sel & poivre

Creuser le potimarron (retirer les graines et la partie fibreuse).

Saler et poivrer l'intérieur.

Farcir le potimarron en alternant les couches de croûtons et de gruyère. Poivrer généreusement et recouvrir (remplir) de crème liquide.

Placer le couvercle à côté et mettre le tout au four pendant 2 heures au moins à 180 °C.

Garder les graines dodues pour l'apéritif et les passer au four avec de l'huile d'olive et du sel (15 min 200 °C).

Colombo de moules

préparation : 2 min - cuisson : 10 min

Pour 4/5 personnes
2 kg de moules nettoyées
1 barquette de lardons (100 g)
2 c. à s. bombées de crème fraîche
2 bonnes c. à s. de pâte de colombo
à défaut 1 c. à s. bombée de poudre
un peu d'huile

1 Faire dorer les lardons 5 min au fond d'une cocotte dans 1 c. à s. d'huile.

2 Ajouter les moules et la pâte de colombo et laisser mijoter quelques minutes.

3 Quand les moules sont cuites et bien ouvertes, ajouter la crème fraîche.

4 Servir bien chaud avec un bol de riz. Le riz dans la sauce, c'est mmmmm...

Surtout ! Surtout ! S'il vous reste de la sauce, gardez-la (elle se congèle très bien) pour faire un risotto express : faire cuire le riz normalement et ajouter la sauce décongelée sur le riz chaud... C'est un délice !

Christelle

Minestrone

préparation : 10 min - cuisson : 15 min

Pour 2 personnes
3 à 4 verres d'eau
1 c. à c. de concentré de tomate
1 pincée de sauge
1 pincée de thym
1/2 bouillon Kub
1 poignée de haricots verts
1 poignée de grosses pâtes
1/3 de poivron
2 jeunes carottes
sel & poivre

Parce que, parfois, au printemps, il fait un temps de chien...

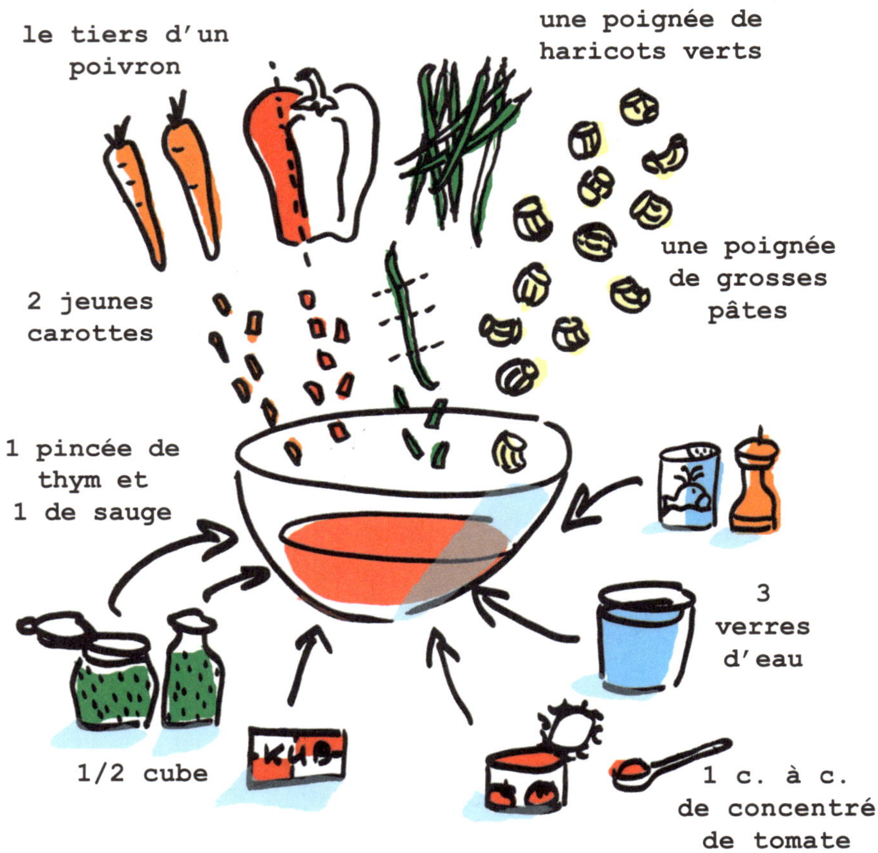

Verser dans 2 bols puis râper du parmesan ou un vieux chèvre sec sur le dessus.

Brochettes italiennes

préparation : 15 min - cuisson : 30 min

Pour 4 personnes (soit au moins 12 brochettes)
1 barquette de raviolis "frais" (chèvre basilic par exemple)
1 barquette de tomates cerise
2 à 3 courgettes (selon la taille)
1 pot de pesto
1 pot de coulis de tomate pour servir

Et pour faire un pesto maison, mixer:

* 1 botte de basilic
* 100 g de pignons de pin
* 4 c. à s. d'huile d'olive
* 50 g de parmesan

Recette créée alors que je déjeunais avec mes enfants : ils voulaient absolument des pâtes et j'étais plutôt tentée par des légumes. C'est ce qui s'appelle l'art du compromis !
Christelle

Tarte aux fraises

préparation : 25 min - cuisson : 25 min

Pour 8 personnes
Pour la pâte :
200 g de farine
100 g de beurre
80 g de sucre
50 g de poudre d'amande
1 jaune d'œuf
2 à 3 c. à s. d'eau
Pour la garniture :
25 cl de crème fleurette
4 c. à s. de sucre glace
750 g de fraises

Mélanger tous les ingrédients pour faire la pâte, former une boule et l'étaler au fond d'un plat à tarte recouvert de papier sulfurisé. Passer au four pour 25 min à 180 °C.

Pendant la cuisson, monter la crème fleurette en chantilly, puis ajouter le sucre glace et battre à nouveau. Déposer la chantilly sur le fond de tarte tiède et recouvrir de 1/2 fraises. Servir aussitôt.

Tarte framboise-macaron

préparation : 15 min - cuisson : 40 min

Pour 8 personnes
Pour la garniture:
3 c. à s. de confiture de framboises
1 bol de framboises surgelées
4 blancs d'œufs
200 g de sucre
100 g de poudre d'amande
Pour la pâte:
250 g de farine
125 g de beurre
75 g de sucre
3 c. à s. d'eau

1 Faire une pâte avec 125 g de beurre fondu, 250 g de farine, 75 g de sucre et 2 ou 3 cuillères d'eau froide.

2 Étaler dans le fond d'un moule à tarte.

3 Déposer sur la pâte 3 c. à s. bombées de confiture de framboise.

4 Disposer l'équivalent d'un grand bol de framboises surgelées sur la confiture.

5 Battre 4 blancs d'œufs en neige. Quand ils sont fermes ajouter 200 g de sucre, battre à nouveau, ajouter enfin 100 g de poudre d'amande.

6 Etaler cette pâte à macaron sur la tarte et enfourner pour 40 min à 220 °C.

Love tatin

préparation : 30 min - cuisson : 30 min

Pour 6 à 8 personnes
1 t (250 g) de sucre pour le caramel
6 à 8 pommes
1 gros morceau de gingembre

Pour la pâte :
2 t (250 g) de farine
1 t (250 g) de sucre
1 œuf
120 g de beurre
1 c. à c. de cannelle
1 c. à c. de muscade
1/2 c. à c. d'anis
sel

Faire caraméliser le sucre, le verser dans le fond du moule et ajouter quelques noix de beurre.

Répartir sur le caramel les pommes coupées en quartiers ainsi que le gingembre émincé.

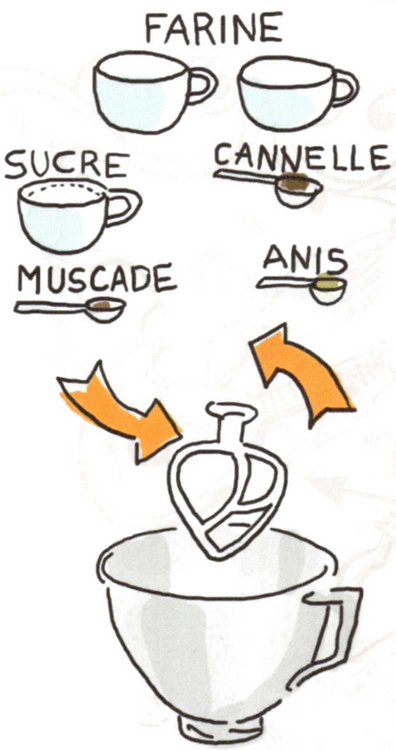

Préparer la pâte sablée en mélangeant la farine, le sucre, les épices, le sel, l'œuf et le beurre.

Étaler la pâte et en recouvrir les pommes.

Cuire au four 30 min à 200 °C.

Bananes flambées

préparation : 5 min - cuisson : 10 min

C'est une recette facile, ultra rapide, que tout le monde aime et pourtant on l'oublie toujours !

Pour 6 personnes
1 à 2 bananes par personne
10 g de beurre par banane
1 c. à s. de sucre par banane
1 c. à s. de rhum par banane
1 allumette

1

Trouver des bananes.

2

Les éplucher.

3

Faire fondre le beurre.

4

Ajouter les bananes.

5

Ajouter du sucre.

6

Laisser caraméliser.

7

Ajouter du rhum.

8

Flamber avec une allumette.

Et manger !

Tiramisu

préparation : 15 min - repos : 3 heures minimum

Pour 10 à 12 personnes
1 grand paquet de boudoirs (45)
750 g de mascarpone
10 c. à s. de sucre en poudre
6 œufs
1/4 l de café
15 cl de marsala
cacao amer

1 Faire tremper quelques secondes les boudoirs dans le mélange café-marsala puis les déposer au fond d'un grand plat.

2 Quand le fond du plat est couvert, râper le chocolat noir sur les biscuits.

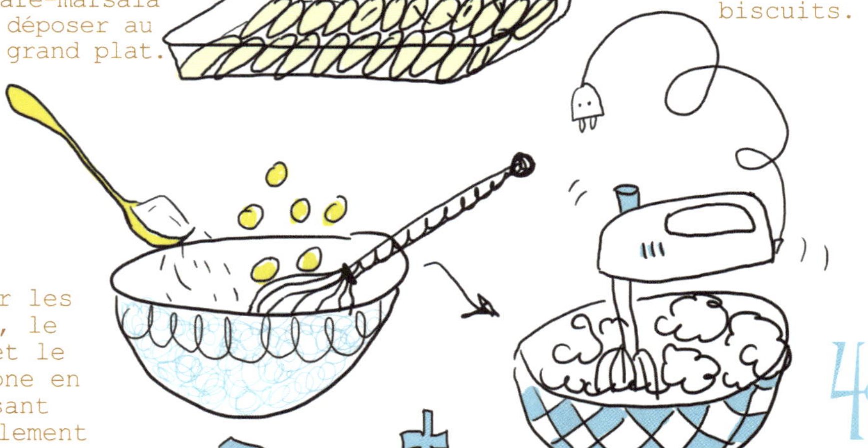

3 Mélanger les jaunes, le sucre et le mascarpone en utilisant éventuellement un batteur électrique.

4 Battre les blancs en neige, ajouter ensuite délicatement la crème au mascarpone puis disposer sur les biscuits.

5 Réserver au frigo, si possible jusqu'au lendemain. Poudrer de cacao amer au moment de servir.

Œufs au lait

préparation : 5 min - cuisson : 1 h 45 min

Pour 6 personnes
6 œufs
1/2 l de lait
50 cl de crème fleurette
150 g de sucre
2 clémentines ou
1 orange

1 - Casser
les œufs.

2 - Battre
les œufs.

3 - Ajouter
le lait.

4 - Ajouter
la crème.

5 - Ajouter
le sucre

6 - Verser dans un plat à gratin et déposer les zestes d'orange dessus.

Et au four pour 1 h 45 (minimum) à feu très doux : 120 °C... Si l'on s'absente pendant la cuisson, on peut couvrir le plat d'une feuille d'aluminium.

On peut filtrer le mélange au travers d'une passoire en le versant dans la plat afin de retirer les parties gélatineuses des blancs d'œufs.

C'est pas que pour les enfants

- Mmmmm des croque-monsieur !
- Ah non, ça, c'est pour les enfants, pour les adultes il y a un crumble aubergines-courgettes.
- Ah ! Ben, moi je vais manger avec les enfants alors !

Ce genre de "fronde des papas" est relativement fréquente dans nos maisons... Pour éviter les frustrations, les grands ont donc le droit, de temps en temps, de goûter aux plats préférés des enfants.

Pour ces recettes régressives, on oublie provisoirement les règles élèmentaires de diététique, les légumes variés et autres grands principes.
Il faut que tout le monde mange et finisse son assiette sans ronchonner, que l'ambiance soit détendue et que ce soit facile à préparer... Après une journée de boulot ou pour un week-end entre copains, c'est très précieux !

Œufs cocotte

préparation : 5 min - cuisson : 10 min

Pour 4 personnes
8 œufs et :
soit 150 g de roquefort
& 150 g de crème fraîche
soit 1 pot de coulis de tomate
soit 250 g d'épinards surgelés
& 100 g de ricotta

roquefort

Mélanger le roquefort et la crème. Déposer au fond d'un ramequin puis casser 2 œufs.

tomate

Déposer une bonne c. à s. de sauce tomate et casser 2 œufs au-dessus.

épinard

Décongeler les épinards.

Mélanger 50 g d'épinards et 1 c. à s. de ricotta, déposer au fond des ramequins puis casser 2 œufs.

Quelle que soit l'option retenue, déposer les ramequins dans un plat rempli de 3 cm d'eau et enfourner à 200 °C pour 7 min (à surveiller). Le blanc doit être cuit et le jaune coulant.

Œufs mimosa au thon

préparation : 10 min - cuisson : 10 min

COMME DANS LES SEVENTIES !

Pour 3 à 4 personnes
6 œufs (à température ambiante)
1 boîte de thon au naturel (200 g)
2 c. à s. de mayonnaise
ou 2 c. à s. de ricotta

1 Faire des œufs durs (10 min dans l'eau bouillante).

2 Écaler et couper les œufs en 2.

3 Mélanger thon, ricotta et jaunes à la fourchette.

4 Remplir les demi-blancs avec ce mélange.

Servir si possible sur une feuille de salade dans un plat en inox, comme à l'époque.

Oui, dans ce livre, on donne la recette des œufs mimosa. Non pas que l'on craigne que vous ne sachiez pas les faire, mais juste pour que vous pensiez à les faire ! Parce que ça a beau être totalement « has been », c'est bon.

Christelle

Croquettes moussequirit

préparation : 10 min - cuisson : 10 min

Pour 4 personnes
1 sachet de purée en flocon (125 g)
4 portions de fromage fondu
1/4 l de lait
1/4 l d'eau
1 pincée de curry
1 c. à c. de ciboulette
chapelure
cubes de comté

recette « spéciale régression »

Mélanger l'eau et le lait et faire chauffer au micro-ondes.
Ajouter le liquide au sachet de purée dans un saladier ou mieux dans votre robot.

Mélanger quelques instants puis ajouter le curry, le fromage fondu et la ciboulette.

Avec une cuillère à soupe, déposer des boules de cette pâte dans la chapelure, rouler bien pour recouvrir complètement de chapelure puis cacher au milieu de la galette un petit cube de comté.

Dorer les galettes dans du beurre à la poêle, quelques min sur chaque face.

Champi'farcis

préparation : 10 min - cuisson : 15 min

Pour 4 personnes
16 champignons de Paris
4 c. à s. de crème fraîche épaisse
1 poignée de gruyère râpé
3 gousses d'ail
ciboulette
sel & poivre

Couper les queues des champignons après les avoir nettoyés.

Mixer les queues, la crème, l'ail et la ciboulette.

Recouvrir les têtes de champignons avec la crème puis une pincée de gruyère et enfourner pour 15 à 20 min à 180 °C.

Croque-monsieur

préparation : 5 min - cuisson : 15 min

Pour 6 personnes
1 paquet de pain de mie
(complet éventuellement)
6 tranches de jambon blanc
25 cl de crème fraîche
2 c. à s. de moutarde
150 g de raclette

Mélanger la crème et la moutarde.

Couper le jambon et le fromage.

Empiler !
raclette
crème
pain
raclette
jambon
crème
pain

Passer au four 15 min à 200 °C.

Mini pizza Mie-Amor

préparation : 10 min - cuisson : 15 min

Pour plein (ou peu) de personnes
pain de mie
garniture de base :
sauce tomate
gruyère râpé
jambon

Et ainsi de suite...

Passer au four 15 min à 200 °C.

C'est simple : au début c'était des toast fourre-tout pour les apéros extensibles des vacances... et puis les enfants ont protesté : " Et nous ? Quand est-ce qu'on dîne ?" ... "mais tout de suite mes chéris : regardez, c'est dans le four... des pizzas !"

Galettes de semoule

préparation : 5 min - repos : 30 min - cuisson : 20 min

Pour une vingtaine de galettes
1 verre de semoule aux épices
1/2 verre d'eau
1/2 verre de lait
2 œufs
Si la semoule n'est pas déjà épicée ajouter :
sel & poivre
1 c. à c. de curry
du thym

RECETTE POUR EN FINIR AVEC LA BALAYETTE

1 Mélanger la semoule, l'eau et le lait.

2 Laisser gonfler 1/2 heure.

3 Égrainer la semoule à la fourchette.

4 Ajouter les oeufs et les épices. Mélanger.

5 Déposer des cuillérées du mélange sur une poêle. Dorer 4 à 5 min de chaque côté.

Parce que les repas où je proposais de la semoule se finissaient immanquablement par une fastidieuse scéance de balayage (merci les enfants), je propose désormais ces fameuses galettes...
Christelle

Knackiflette

préparation : 5 min - cuisson : 40 min

Pour 6 personnes
10 knackis
2 oignons
4 à 5 belles pommes de terre
100 g de gruyère râpé
30 cl de crème liquide

Idéal pour une tablée d'enfants de tous âges, pressés de retourner jouer. Un fond de placard, pas de chipotage, des assiettes vides : on peut passer au sujet suivant ! Clo

Faire dorer dans un peu de beurre (directement dans le plat) les oignons émincés.
Ajouter les knackis découpés en bouchées.
Recouvrir avec les pommes de terre (crues) en petits cubes.
Saupoudrer de gruyère et verser dessus la crème

Mettre au four 200 °C 35 à 45 min.

Fast Burger

préparation : 10 min

Pour 6 personnes
6 petits pains
3 feuilles de salade
150 g de fromage
1 tomate
1 oignon
2 gros cornichons
(aigres doux si possible)
6 steaks hachés
sel & poivre
Pour les sauces
crème fraîche
moutarde
ketchup

Réchauffer les pains au four ou au grille-pain.

Cuire les steaks à la poêle.

Sauce rose :

2 c. à s. de crème
1 c. à c. de savora
1 c. à c. de ketchup

Sauce moutarde :

2 c. à s. de crème
1 c. à c. de moutarde à l'ancienne

En général, on met tous les ingrédients au centre de la table et chacun invente sa version. Clo

Crunchy nuggets

préparation : 5 min - cuisson : 10 min

Pour 6 enfants
4 blancs de poulets coupés en dés
1 paquet de gâteaux apéritifs à la cacahuète
huile pour la poêle
1 œuf

1 - Couper les blancs de poulet aux ciseaux et battre l'œuf.

2 - Verser l'œuf dans les blancs.

3 - Mélanger.

4 - Écrabouiller les gâteaux.

5 - Verser les blancs dans les gâteaux écrabouillés.

6 - Secouer!

7 - Poêler!

Coquilletto

préparation : 15 min - cuisson : 10 min

Pour 4/5 personnes
250 g de coquillettes
20 grosses crevettes (cuites et décortiquées)
100 g de fèves surgelées
1 c. à s. de sauce de soja
1 bouillon déshydraté
1 c. à s. de vinaigre
1 pincée de thym
1 c. à s. d'ail surgelé
1 c. à s. d'échalote surgelée
1 c. à s. d'huile d'olive
1 pincée de chili

Dans une grande poêle, faire revenir dans l'huile les pâtes, les fèves puis ajouter un verre d'eau, le kub, la sauce de soja et le vinaigre. Ajouter de l'eau petit à petit jusqu'à ce que les pâtes soient cuites (moins de 10 min).

Faire dorer l'ail et l'échalote puis ajouter les crevettes et le chili et faire sauter quelques secondes.

Mélanger le contenu des 2 poêles et servir aussitôt !

Gnocchis poêlés

préparation : 5 min - cuisson : 3 min

Pour 4 à 6 personnes
500 g de gnocchis
100 g de pesto (p. 139)
10 cl d'eau bouillante
15 g de beurre
1 c. à s. d'huile d'olive

Les gnocchis de base conviennent très bien pour cette poêlée express.

Savory de poulet

préparation : 5 min - repos : 1 h - cuisson : 25 min

Pour 6 personnes
5 blancs de poulet
1 boîte (40 cl) de lait de coco
2 c. à s. de Savora®
2 c. à s. de sauce de soja

Pour découvrir le curry...

1 Préparer une marinade avec tout ça.
Découper les blancs de poulet en lanières.

2 Faire mariner au frigo 1 ou 2 h.

3 Cuire au four dans la sauce 25 min à 200 °C.

Il y a des jours où on a pas le temps de laisser mariner et le résultat est très bien quand même ! Je n'ai pas encore pas (encore) essayé la formule avec des filets de poisson blanc mais pour les côtes de porc, succès garanti.
Et si vous n'avez pas de lait de coco sous la main, de la crème liquide fera l'affaire.

Cocolombo de Poulet

préparation : 10 min - cuisson : 1h30

Pour 4/5 personnes
2 c. à s. de pâte de colombo
(ou 1 c. à s. de poudre)
1 brique (20 cl) de lait de coco
2 c. à s. d'ail surgelé
1 jus de citron
40 cl d'eau
6/8 pommes de terre
1 poulet

À l'aide d'une fourchette mélanger pâte de colombo, eau, ail, lait de coco et citron au fond d'un plat à gratin.

Découper le poulet en 2 (surtout si vous n'avez pas le temps de surveiller la cuisson). Éplucher les pommes de terre et les couper en dés.

Déposer le tout dans le plat et recouvrir avec la sauce.

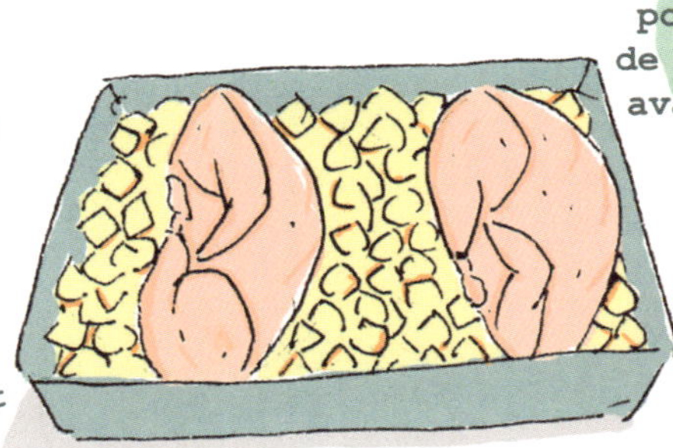

En option: ajouter une poignée de noix de cajou écrasées avant de servir.

Et au four pour 1h30 à 200/220 °C.
Si vous avez un four programmable vous pouvez partir au boulot tranquille...

C'est typiquement un plat que je prépare le matin, avant de partir au boulot, quand tout le monde a prévu de rentrer rapidement déjeuner. Le plat doit être consensuel, pouvoir nous attendre un peu si nous ne sommes pas ponctuels et être complet. Bref, il faut que l'on n'ait qu'à mettre les pieds sous la table !

Verrines spéciale kids

préparation : 15 min - cuisson : 10 min

Pour 4 enfants affamés
1/2 concombre
1 ou 2 tomates
1 verre de riz cuit et salé
1 boîte de thon
1 c. à s. de mayonnaise
2 ou 3 c. à s. de vinaigrette

VERRY'N GOOD

3

Déposer 2 c. à s. bombées de cubes de concombre et de tomate sur le riz et finir par un peu de vinaigrette (selon les goûts).

2

Déposer 2 c. à s. de riz froid, cuit et salé sur le thon.

1

Écraser le thon à la fourchette avec la mayonnaise et déposer 2 c. à s. dans le fond d'un verre (en plastique).

POUR MANGER SANS ASSIETTE

Après tout, les verrines ne sont pas réservées qu'aux dîners chics. Dans un verre en plastique transparent, elles sont parfaites pour déjeuner dehors...

Feuilletés à la viande

préparation : 20 min - cuisson : 20 min

Pour 5 personnes
1 rouleau de pâte feuilletée
2 steaks hachés de boeuf
2 steaks hachés de veau
1 c. à c. de curry
1 c. à s. de moutarde
sel & poivre

Pour la sauce
50 g de roquefort
3 c. à s. de crème fraîche

1 - Mélanger les viandes, la moutarde, le curry, le sel & le poivre.

2 - Couper la pâte en 6 triangles. Garder 1 triangle pour faire les yeux et le nez.

3 - Déposer un peu de farce et rabattre les 3 coins. Souder la pâte en la pinçant.

4 - Décorer pour faire des têtes de chat.

5 - Passer au four pour 20 min à 180 / 200 °C.

À servir avec une sauce moisie : mélanger la crème et le roquefort et passer 1 min au micro-ondes.

Alors que je servais un délicieux sauté de veau à mes enfants, j'entends derrière mon dos : "Beurk, je déteste, on dirait de la cervelle de chat moisie..." GNGNRXXX ! Comment ! De la cervelle de chat moisie ? J'vais vous en servir moi de la cervelle de chat moisie... et c'est ce que j'ai fait ! D'où le titre un peu surprenant de cette recette.

Christelle

Tarte aux haricots

préparation : 5 min - cuisson : 35 min

Pour 6 à 8 personnes
1 pâte feuilletée
1 petit fromage ail et fines herbes
25 cl de crème fraîche
2 œufs
500 g de haricots verts cuits
50 g de gruyère

Tarte au brocoli

préparation : 2 min - cuisson : 35 min

Pour 6 ou 8 personnes
1 pâte feuilletée
2 belles têtes de brocoli cuites
6 à 8 portions de fromage fondu
50 g de gruyère

Sur
un fond de tarte,
répartir des têtes de brocoli
déjà cuites
(à la vapeur par ex),
des portions de fromage fondu,
du gruyère râpé et zou,
au four à 200 °C
pour 35 min.

Et du coup,
tout le monde
mange !

Gratin de courgettes

préparation : 10 min - cuisson : 30 min

Pour 6 à 8 personnes
3 ou 4 courgettes
4 c. à s. de semoule
2 pots (200 g) de chèvre frais
1 paquet (200 g) de lardons
50 g d'amandes effilées
fines herbes du jardin
(ciboulette, origan,
persil, menthe, par ex)
poivre

Ciseler les fines herbes, râper les courgettes.

Mélanger tous les ingrédients, étaler dans un plat et passer au four 30 min à 200 °C.

Nouilles sautées express

préparation et cuisson : 12 min

Pour 6 personnes
2 sachets de soupe asiatique
500 g de steak haché
1 c. à s. d'huile
2 ou 3 légumes
(poivron, courgette, carotte, oignon, champignon, par ex)

Dans un peu d'huile, émietter les nouilles déshydratées.

Ajouter la viande hachée les légumes émincés ainsi que les sachets saveurs.

Tourner de temps en temps, servir avec une salade.

En fonction de mon frigo ou de mon humeur, la proportion de légumes varie, la saveur du plat change d'une sorte de soupe à l'autre et à chaque fois les enfants se resservent !

Lasagnes

préparation : 15 min - cuisson : 35 min

Pour 10 à 12 personnes
un peu d'huile d'olive
800 g de bœuf haché
2 pots de sauce tomate cuisinée
3 beaux oignons
1 paquet de lasagnes
50 cl de crème liquide
2 ou 3 boules de mozzarella

KING SIZE & VITE FAITES

Les grands cousins passent demain midi : nous seront donc quatorze : 3 moins de sept ans, 2 pré- ados, 3 immenses gaillards-étudiants + 2 lianes et 4 adultes quarantenaires. Dans un cas pareil, c'est lasagnes et salade verte obligatoirement. Clo

Alterner lasagnes et couches de "ragu" et terminer par des tranches de mozarella. Recouvrir le tout de crème liquide.

Au four à 200 °C pour 30 min environ.

Pâtes à la super sauce

préparation : 5 min - cuisson : 1 h

Pour 6 personnes
500 g de pâtes
1 chorizo (200 g) détaillé en dés
ou 4 merguez
1 pot de coulis de tomate (400 g)
1 c. à s. bombée d'ail surgelé
1 c. à s. rase de basilic surgelé
1 verre d'oignon surgelé
3 c. à s. de vinaigre
1 c. à s. d'huile d'olive

Dans une cocotte, faire mijoter à feu doux tous les ingrédients (sauf les pâtes) pendant au moins une heure.

Un quart d'heure avant la fin de la cuisson de la sauce, faire cuire vos pâtes préférées en suivant les indications du paquet.

Mélanger pâtes et sauce et servir aussitôt !

Entremets à la menthe

crème de martien

préparation : 5 min - cuisson : 25 min

Pour 6 enfants
12 c. à s. de sirop de menthe
1/2 verre de crème fleurette
3 verres de lait
3 œufs

Mélanger énergiquement tout les ingrédients !

Répartir dans des ramequins, disposer dans un grand plat rempli de 2 cm d'eau et passer au four à 150 °C, au moins 25 min. Surveiller, selon la taille des ramequins, la cuisson peut varier. Déguster bien froid.

En option : quand les crèmes sont froides ajouter une petite couche de chocolat fondu sur le dessus et laisser prendre au frais.

Pour titiller un peu les enfants, vous pouvez leur dire qu'il s'agit de crème de choux de Bruxelles. Vous pouvez aussi les laisser faire la recette seuls, car c'est un jeu d'enfant.
Christelle

Petits cochons

préparation : 40 min

Pour 8 cochons mignons
200 g de pâte d'amande rose
1 plaque de pralinoise
8 boudoirs

1

Déposer dans un bol la pralinoise en morceaux avec 1 c. à s. d'eau.

2

Passer au micro-ondes 1 min à puissance maxi.

3

Émietter les boudoirs.

4

Mélanger pralinoise et boudoirs.

5

Repasser le tout 2 min au micro-ondes.

6

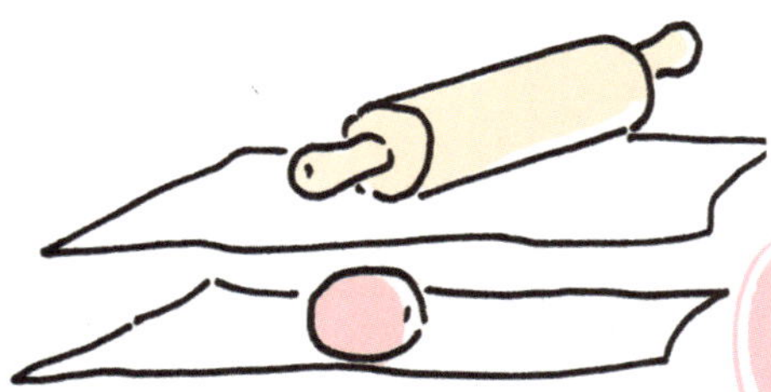

Étaler de petites boules de pâte d'amande entre 2 feuilles de papier sulfurisé.

7

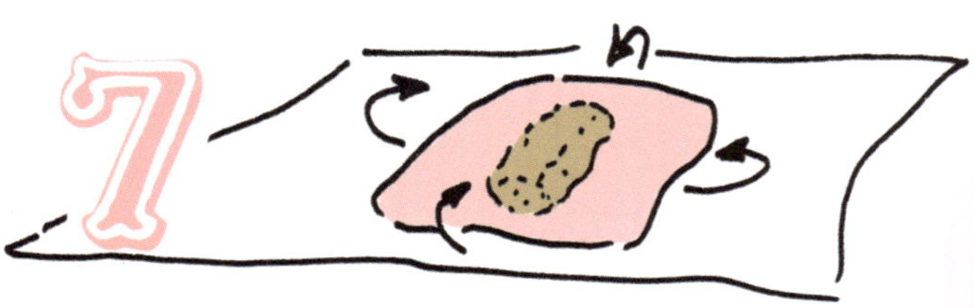

Déposer des petits boudins de farce sur les rectangles de pâte d'amande et replier les bords.

8

Ajouter, nez, yeux, oreilles et queue !

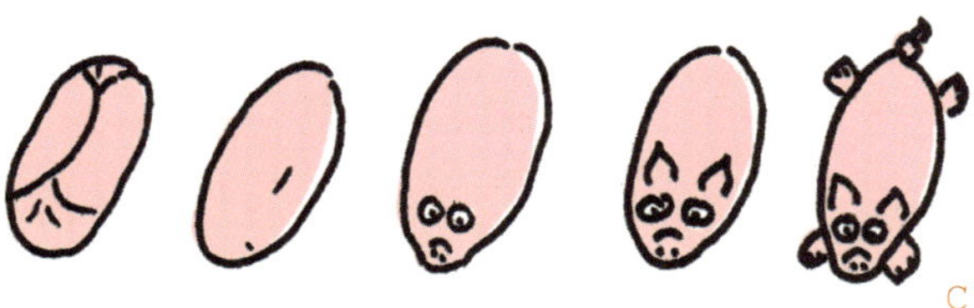

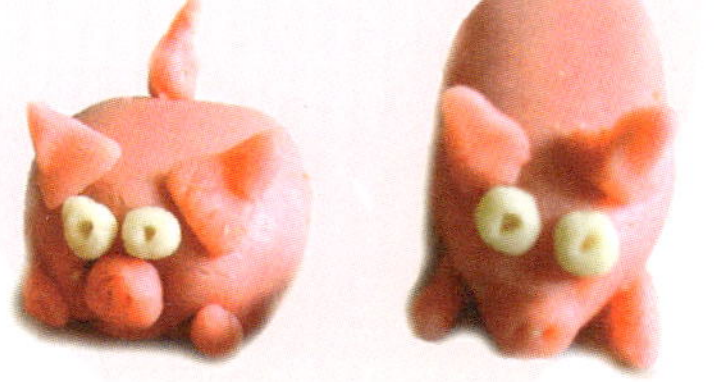

Chocomousse confettis

préparation : 15 min - repos : 2 heures

Pour 6 personnes
2 tubes de smarties (80 g)
1 plaque de chocolat au lait (200 g)
4 œufs (blancs et jaunes séparés)

1 Faire fondre les carreaux de chocolat dans un bol rempli d'eau, au micro-ondes 3 min.

2 Quand le chocolat est fondu, jeter l'eau (en gardant juste l'équivalent d'une cuillère à soupe).

3 Battre les blancs en neige ferme.

4 Mélanger le chocolat fondu pour qu'il soit lisse et homogène. Ajouter les jaunes, puis, délicatement, les blancs en neige.

5 Verser les smarties dans un petit sac en plastique.

6 Les broyer au rouleau à pâtisserie, ça défoule bien!

7 Ajouter les brisures de smarties à la mousse.

8 Repartir dans des ramequins et laisser durcir au frigo au moins 2 heures.

Straciatella improvisée

préparation : 3 min

Pour 6 gourmands
500 g de fromage blanc
1 tablette (100 g) de chocolat
4 sachets de sucre vanillé

Mon **joker** quand j'ai oublié de préparer un *vrai* dessert ou que le nombre de moins de 13 ans est beaucoup plus important que ce que j'avais initialement prévu... Et en fait, les papas ne sont pas les derniers à réclamer du rab'.

Clo

C'est l'heure du goûter

Aaaah, l'heure du goûter ! Les enfants qui, pour une fois, dévorent sans chipoter, le thé avec les copines et la ribambelle de petits gâteaux qui accompagnent un chocolat chaud quand il pleut dehors... Pour ces moments de douceur on est prêtes à cuisiner avec plaisir et à enchaîner les fournées de cookies, de sablés et de cakes sans relache.
Allez, je m'y mets, on va remplir les boîtes à gâteaux pour la semaine. Et puis un cake aussi, c'est tellement plus sympa qu'un paquet de gâteaux industriels.

- Dis maman, tu fais quoi ?
- Des cookies pour les goûters et un cake pour demain.
- Chouette, je peux t'aider ?
- Mais bien sûr, tu vas mélanger.
- Nan, j'en ai marre de mélanger, je vais peser et aussi casser les oeufs.
- Euh...
- Si si si, je sais le faire, on fait comme ça et hop... Ah zut, tu m'as déconcentré ! Tu veux bien éponger pendant que je retire les morceaux de coquilles du bol ?
- Moi aussi, je vous aide, je vais sortir la farine. Oh dis-donc, le paquet est percé ! Et regarde, c'est trop marrant quand le chat marche dedans, on voit ses empreintes !

- Mais qu'est-ce que tu fais ?
- Ben quoi, je beurre le moule que tu as sorti !
- Oui, enfin je ne t'ai jamais demandé d'étaler le beurre avec ta langue, c'est dégoûtant !
- Ah non, ne t'inquiète pas, c'est très bon.

Tarte miel & noix

préparation : 15 mn - cuisson : 25 mn

Pour 6 à 8 personnes
1 pâte feuilletée
1 c. à s. de miel crémeux
1 c. à s. de crème fraîche
80 g de beurre
80 g de sucre
250 g de cerneaux de noix

Cuire la pâte à blanc, ça veut dire : dérouler la pâte dans le moule à tarte, la piquer (pour qu'elle ne gonfle pas), la recouvrir d'un papier sulfurisé et de lentilles ou haricots secs (des nouilles font l'affaire aussi) ; 15-20 min à four préchauffé à 220 °C. Quand les bords sont un peu dorés, normalement, le fond est cuit.

Cake pruneaux & noix

préparation : 10 min - cuisson : 55 min

Pour 8 à 10 personnes
120 g de beurre fondu
1 t (250 g) de sucre
2 t (250 g) de farine
1 pincée de sel
2 œufs
1 c. à s. de cognac
250 g de cerneaux de noix
250 g de pruneaux dénoyautés

Verser dans un moule à cake et hop : au four

55 min à 180 °C

Clafoutis aux prunes

préparation : 10 min - cuisson : 40 min

Pour 6 personnes
1/2 t (60 g) de farine
1/2 t (125 g) de sucre
4 œufs
1/2 sachet de levure
2 c. à s. d'eau de vie
10 cl de lait
1 belle assiette creuse de fruits mûrs
sel

Mélanger le sucre, la farine, la pincée de sel et la levure.

Ajouter les oeufs.

Verser une demi-tasse d'eau de vie et compléter avec le lait.

Tout mélanger.

Laver et dénoyauter les fruits, les couper en 2.

Étaler les fruits dans un plat huilé, verser dessus la pâte et mettre au four 3/4 d'heure à 180 °C.

Crumble

préparation : 15 min - cuisson : 12 min

Pour 6 à 8 personnes
2 t (250 g) de farine
1 t (250 g) de sucre
100 g de beurre mou
1 t (100 g) de muesli crunchy
5 ou 6 pommes
1 petite boîte d'ananas
en morceaux

1 Mélanger pour obtenir un "sable" grossier.

2 Ajouter les céréales et mélanger rapidement.

3 Éplucher et couper les pommes en morceaux, Égoutter les ananas, étaler le tout dans un plat, recouvrir du crumble.

4 **Au four !** Cuire 35 min à 220 °C.

Gâteau roulé

préparation : 10 min - cuisson : 25 min

Pour 6 à 8 enfants
4 œufs
100 g de sucre
100 g de farine
1 sachet de levure
pâte à tartiner au chocolat
ou confiture

1 Séparer les blancs des jaunes.

2 Mélanger les jaunes et le sucre puis ajouter farine et levure.

3 Battre les blancs en neige.

4 Incorporer les blancs en neige délicatement.

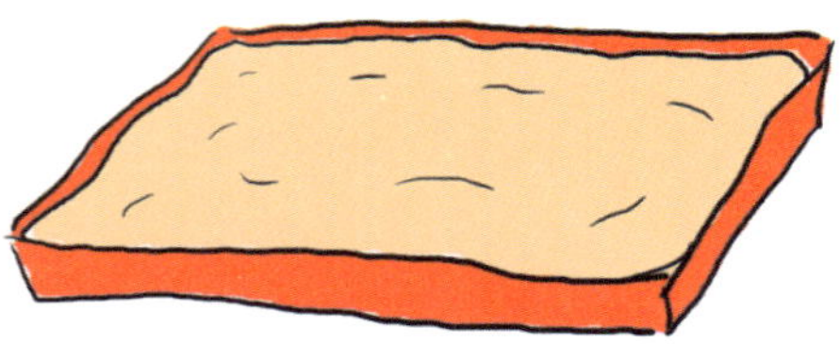

5 Déposer la pâte sur une plaque à pâtisserie beurrée et enfourner à 180 °C.

20 minutes

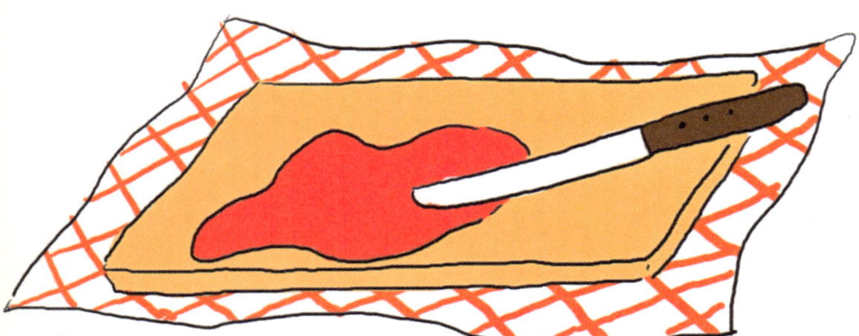

Au choix !

6 A chaud, démouler le gâteau sur un torchon et étaler de la confiture ou de la pâte à tartiner au chocolat.

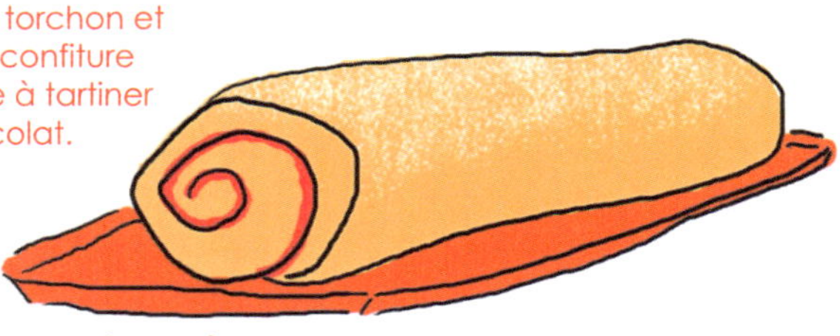

7 Rouler et poudrer de sucre glace.

Tarte ô suc'

préparation : 10 min - cuisson : 20 min

Pour 6 à 8 personnes
200 g de farine
140 g de beurre
75 g de sucre
100 g de crème fraîche
1 jaune d'œuf
40 cl d'eau

Dans le Nord, la tarte au sucre est généralement faite à partir d'une pâte levée... Mais je ne sais pas pourquoi, chez ma grand-mère, je l'ai toujours mangée ainsi : plus rapide à préparer !

Christelle

Indispensable au chocolat

préparation : 15 min - cuisson : 30 min

Pour 6 personnes
200 g de chocolat
150 g de beurre
4 œufs
150 g de sucre
80 g de farine

Déposer les morceaux de chocolat dans un bol allant au micro-ondes, couvrir d'eau. Cuire 3 à 4 min.

Quand le chocolat est mou, vider l'eau et ajouter le beurre en morceaux. Repasser au micro-ondes 1 min. Mélanger.

Séparer les blancs des jaunes et ajouter les jaunes au chocolat, ainsi que la farine et le sucre. Battre les blancs en neige.

Incorporer délicatement les blancs au mélange chocolaté. Déposer dans un moule beurré et passer au four 25 min à 180 °C.

Flan des papas

préparation : 15 min - cuisson : 50 min

Pour 6 personnes
100 g de Maizena
3 œufs entiers
3 jaunes d'œufs
1 litre de lait
3 c. à s. de crème fraîche
250 g de sucre

Car le flan c'est pour les garçons!

Dans une casserole, faire chauffer le lait et la crème.

Mélanger le reste des ingrédients dans un saladier. Ajouter le lait chaud.

Remettre le tout à épaissir dans la casserole. Mélanger régulièrement.

Quand le mélange a épaissi, déposer dans un moule beurré et passer au four 50 min à 180 °C. Laisser dorer.

Je ne mets pas de pâte au fond de mon moule, d'abord parce que ça va plus vite, ensuite parce que ça n'est pas meilleur et enfin, lorsqu'il est froid, ce flan se tient suffisament pour être découpé en parts sans problème.

Christelle

Meringues

préparation : 5 min - cuisson : 2 heures

Pour 30-40 pièces
2 blancs d'œufs
125 g de sucre en poudre

Battre les blancs d'œufs en neige. Lorsqu'ils sont fermes, **ajouter** petit à petit le sucre en continuant à battre. Faire des **petits tas** sur une feuille de papier sulfurisé et passer **au four** à 110 °C pendant 2 à 3 heures... C'est tout!

Macarons aux amandes

préparation : 30 min - cuisson : 15 min

Pour une vingtaine de bouchées
5 blancs d'œufs
375 g (3,5 t) de poudre d'amande
375 g (1,7 t) de sucre
confiture de framboise

1 Monter les blancs en neige avec le sucre.

Battre 10 min.

Garder les jaunes pour faire de bonnes choses...

2 Ajouter la poudre d'amande et mélanger.

3 Former des petits tas à l'aide d'une poche à douille...

4 ...et mettre au four 15 min à 140 °C.

5 Laisser refroidir et fourrer avec de la confiture de framboises.

Sablés chocolat ou orange

préparation : 5 min - cuisson : 12 min

Pour ceux au chocolat (25 environ)
1 t (125 g) de farine
1 t (150 g) de poudre de noisette
1/2 t (125 g) de sucre
2 c. à s. de chocolat en poudre
100 g de beurre
2 jaunes d'œufs
2 c. à s. de liqueur de café ou Cointreau

Sablés au chocolat

Mélanger - Etaler - Découper

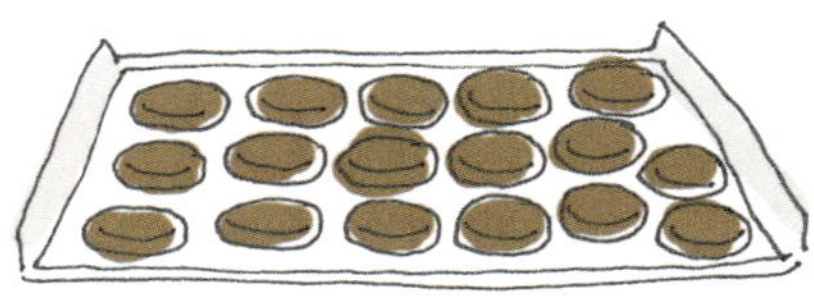

Cuire 12 min à 200 °C.

Pour ceux à l'orange
2 t (250 g) de farine
3/4 t (180 g) de sucre
100 g de beurre
le zeste d'une orange
2 jaunes d'œufs
2 c. à s. de Cointreau
(ou du jus de l'orange)

ou à l'orange

Mélanger
Etaler
Découper

Pour un parfum d'orange plus prononcé, filmer la pâte et laisser la reposer 1 h au frigo.

Cuire
12 min
à 200 °C.

Cake anglais

préparation : 10 min - cuisson : 45 min

Pour un cake
4 œufs
6 c. à s. de sucre en poudre
150 g de beurre fondu
400 g de farine
15 cl de lait
2 c. à s. de rhum
400 à 500 g de fruits confits
par exemple :
130 g de cerises bigareaux
120 g d'écorces d'orange
150 g de mélange de fruits en dés
100 g de raisins secs

1. Dans un saladier, verser la farine et jeter dedans les fruits confits. Les égrener pour qu'ils soient tous poudrés.

2. Battre les 4 œufs en omelette, ajouter le sucre, le beurre fondu puis la farine aux fruits.

3. Ajouter ensuite le lait et le rhum puis verser dans un moule à cake.

4. Passer au four 45 min à 180 °C.

Ce cake, dont la recette est dans la famille depuis au moins trois générations, se conserve très bien plusieurs jours dans un papier aluminium.

Christelle

Rochers coco

préparation : 5 min - cuisson : 15 min

Pour une trentaine de rochers
125 g de noix de coco râpée
3 c. à s. de compote de pomme en pot
80 g de sucre
2 blancs d'œufs

Mélanger tous les ingrédients.

Former des petits rochers sur une plaque recouverte de papier sulfurisé et enfourner pour 15 min à 180 °C (surveiller la fin de la cuisson).

C'est une recette bien pratique lorsqu'il reste des blancs d'œufs. Elle me plaît particulièrement car ma Lucie en mange avec plaisir alors qu'elle déteste soi-disant la compote. « Hein? Quoi?... meuh non je n'ai pas mis de compote dedans, quelle drôle d'idée ! » C'est pourtant ce qui leur donne ce petit moelleux très miam !

Christelle

Groumphs

préparation : 3 min - cuisson : 30 min

Pour une trentaine de biscuits
3 blancs d'œufs
1 t (125 g) de farine
1 t (250 g) de sucre
1 t de flocons d'avoine
1 t de poudre d'amande

Attention : recette trop facile !

Si vous montez vos blancs en neige, les biscuits resteront un peu plus gonflés. Si n'avez pas le temps de le faire, ils seront un peu plus plat... mais tout aussi bons !

Il faut bien mélanger!

Faire des boulettes.

Bien les ranger et les cuire au four, 30 min à 130 °C.

Ginger cookies

préparation : 15 min - cuisson : 10 min

Pour 50 tout petits biscuits
2 t (250 g) de farine
1/2 sachet de levure
1 t (250 g) de sucre roux
1 t (150 g) d'amandes concassées
1/2 t (100 g)de gingembre confit
1/2 t (100 g) de raisins secs
1 c. à s. de liqueur d'amande
125 g de beurre mou en "cubes"
1 œuf
1 c.à s. bombée
de gingembre en poudre

Ces cookies-là, c'est plutôt pour les grandes personnes...
(encore que les enfants soient surprenants, souvent.)

Mélanger tous les ingrédients.

Juste avant de former les biscuits ajouter le gingembre pour que la poudre reste plutôt en surface.

Scones

préparation : 10 min - repos : 1 h - cuisson : 12 min

Pour 20 petits scones
4 t (500 g) de farine
60 g de sucre
1 pincée de sel
1 sachet de levure
(si possible de boulanger)
60 g de beurre fondu
1 t (25 cl) de lait tiède
1/3 t (8 cl) d'eau tiède

Pétrir tous ces ingrédients, et si possible, laisser lever 1 h environ.

Étaler et découper.

Cuire au four 12 min à 200 °C.

Mr Scones

Diviser les scones en deux et servir avec du beurre et/ou de la confiture.

Un jour, avec un peu de confiture, j'ai eu le "malheur" de faire Mr & Mrs Scones...
Depuis c'est un rituel pour les moins de 7 ans (vous voilà prévenus !).

Cookies classiques

préparation : 15 min - cuisson : 12 min

Pour 24 biscuits environ
2 t (250 g) de farine
1 t (250 g) de sucre
1 t (90 g) de coco râpée
1/2 t (100 g)de pépites de chocolat
1/2 t (100 g) de raisins secs
120 g de beurre mou en "cubes"
2 œufs

Mélanger les poudres,
ajouter le beurre en petits dés et les œufs, malaxer.
En dernier, incorporer les pépites de chocolat et les raisins secs.
Former des boulettes et cuire 12 min à 180 °C.

Bien sûr, en fonction du placard et/ou des goûts des enfants, les variations sont infinies.

Cookies surprises

préparation : 10 min - cuisson : 10 min

Pour une quarantaine de gâteaux
100 g de chocolat noir, blanc ou au lait (en tablette)
200 g de beurre mou
1 t bombée (300 g) de sucre
2,5 t (320 g) de farine
1/2 sachet de levure chimique
1/2 t (60 g) de cacao sans sucre
2 œufs

Faire une pâte en mélangeant œuf, beurre, sucre, farine, levure et cacao.

Former des cookies et cacher dans chacun un demi-carré de chocolat noir, blanc ou au lait ... c'est la SURPRISE

et zou au four pour +/- 10 minutes à 180 °C (th 6) ils doivent être encore mous à la sortie du four !

« C'est tout simplement la recette la plus populaire à la maison ! Succès garanti, surtout lorsqu'ils sortent juste du four, à peine cuits à l'extérieur, carrément coulants à l'intérieur... Lucie les préfère avec un carreau de pralinoise en guise de surprise, Jules avec du chocolat noir et Émile sans rien. »
Christelle

Biscuit pain d'épices

préparation : 15 min - repos : 1 nuit - cuisson : 12 min

Pour une vingtaine de bonhommes (12 cm)
150 g de beurre
1 t (250 g) de sucre roux
5 c. à s. de miel crémeux
3 t (375 g) de farine
1 œuf
1 c. à c. de bicarbonate
1 c. à s. de poudre :
- de gingembre
- de cannelle
- d'anis vert
- de muscade

pour le glaçage
1/2 blanc d'œuf
1t (250 g) de sucre glace
1/2 jus de citron

Faire fondre à feu doux :
le beurre, le sucre roux et le miel.

Pendant de temps, mélanger :
la farine, le bicarbonate et les épices.

Ajouter l'œuf et le mélange précédent
Pétrir et laisser reposer une nuit.

Le lendemain, étaler la pâte et découper les formes.
Cuire 12 min à 200 °C.

Mélanger le sucre glace, le blanc d'œuf et le jus de citron,
utiliser une poche à douille fine pour dessiner les décorations.

Colatchen

préparation : 10 min - cuisson : 15 min

Pour une quarantaine de gâteaux
1 boîte de cerises confites (200 g)
1 paquet de sucre vanillé
1 paquet de levure chimique
1/2 t (150g) de sucre
250 g de beurre
3 t (400 g) de farine
3 jaunes d'œufs

Recette alsacienne de Mamie Françoise

Mélanger le beurre, les jaunes et les sucres pendant 10 min (5 si c'est au robot) puis ajouter la farine et la levure.

Former des rosettes et déposer 1/2 cerise confite sur chacune.

Enfourner pour 15/20 min à 150 °C (th 5).

Carrés aux amandes

préparation : 5 min - cuisson : 20 min

Pour 25 carrés environ
2 t (250 g) de farine
1 t (250 g) de sucre roux
100 g de beurre
1 œuf
1 t (125 g) d'amandes entières
1 t (200 g) d'abricots secs
2 c. à s. de liqueur d'amande
1 pincée de sel

Mélanger les poudres, l'oeuf et le beurre pour en faire un sable grossier.

Ajouter les fruits secs et la liqueur, faire une boule.

Étaler cette pâte sur une plaque à pâtisserie.

Cuire 20 min à 200 °C.
Couper en carrés de 5 cm environ avant complet refroidissement.

Amaretti

préparation : 5 min - cuisson : 15 min

Pour une trentaine de biscuits
2 t (250 g) d'amandes entières
1 t (250 g) de sucre
1/3 t (40 g) de farine
3 blancs d'œufs
1 pincée de sel
1 c. à s. de liqueur d'amande

Mini linzer torte

préparation : 10 min - cuisson : 20 min

Pour plein de tartelettes
100 g de sucre roux
150 g de farine
100 g de poudre d'amande
150 g de beurre
1 œuf
2 c. à c. de cannelle
2 c. à c. de cacao amer
1 pot de confiture de framboises (avec les grains)

Mélanger tous ces ingrédients pour former une pâte. Foncer dans des moules à tartelettes, des moules en silicone ou former simplement de petit disques sur une plaque à pâtisserie.

Déposer une bonne cuillère de confiture dans chaque tartelette et passer au four pour environ 20 min à 200 °C.

La vraie trouvaille dans cette recette, c'est la pâte. Elle est vraiment top ! Le cacao sert simplement d'épice et n'est pas nettement perceptible.
Christelle

Petite douceur Grecque
Amygdalota

préparation : 10 min - cuisson : 12 min

Pour 40 biscuits environ
400 g de poudre d'amande
165 g de sucre
80 g de semoule fine
2 c. à s. d'eau de fleur d'oranger
3 blancs d'œufs
40 clous de girofle

1 Monter les blancs en neige.

2 Pétrir tous ces ingrédients, former une boule lisse, au besoin ajouter un peu de semoule si elle reste collante.

3 Avec une petite cuillère et vos mains former des petites poires et les répartir sur une plaque à pâtisserie. Avec ces proportions vous devriez en obtenir une quarantaine.

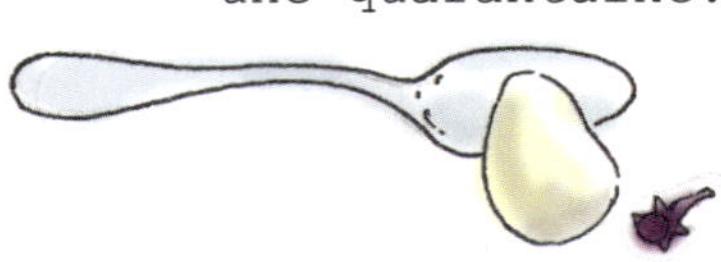

4 Placer un clou sur chaque petite poire et cuire 12 min à 180 °C.

Contrairement à ce qu'on pourrait penser, le parfum de clou de girofle n'envahit pas les papilles, les saveurs restent très subtiles et le clou crée l'illusion de ce mini fruit. Clo

Chic
et pas cher...

Lorsqu'on cuisine au quotidien, il y a des jours avec au menu : spaguettis carbonara, pizza et croque-monsieur, ce sont les jours où l'on est d'humeur cantinière, où ça ronronne tranquille dans la cuisine.

Et puis, de temps à autre, il arrive qu'on soit d'humeur Grand Chef de palace. On n'a pas plus de talent que d'habitude, ni forcèment des meilleurs produits, mais juste un peu plus d'imagination et l'envie de faire dans l'esbrouffe. Ces jours-là, sauces, petites bouchées et douceurs raffinées sont au programme : les pestos, les épices et les framboises surgelées nous filent un sacré coup de main. Les verrines sont de sortie, c'est service à l'assiette, bougies et table soignée. Ces jours-là, les invités sont priés de faire "Waou !" et de penser "La vache, elle assure !".

Après tout même quand on cuisine au quotidien, on a le droit de jouer sur ce registre, et tant pis si en vrai, dans les assiettes, les mises en bouche sont des carottes râpées et le suprême du potager une petite soupe préparée en cinq minutes... C'est bon et joli, c'est la cuisine chic et pas chère !

(Spéciale dédicace au petit plant de basilic ou de ciboulette qui ajoute la touche finale.)

Rap&Roll carottes

préparation : 20 min - sans cuisson

Pour 4 personnes
8 galettes de riz
1 verre de jus d'orange
sauce de soja (pour servir)
4 carottes râpées
assaisonées avec :
2 c. à s. d'huile d'olive
sel & poivre
ciboulette

1

Préparer des carottes râpées.

2

Tremper une galette dans le jus d'orange.

3

Attendre 3 minutes qu'elle ramollisse.

4

Déposer 1 c. à s. de carottes râpées.

5

Rabattre un côté.

6

Rabattre ensuite les 2 autres côtés.

7

Terminer de rouler le nem.

8

Et voilà !

9

Servir avec une sauce de soja.

Salad' soupe

préparation : 15 min - cuisson : 12 min

Recette parfaite pour recycler une laitue un peu défraîchie ou les grosses feuilles exterieures.

Pour 2 personnes
1 sachet de feuilles de laitue
1 bouillon Kub
1 c. à s. de crème
sel & poivre

Spéciale grosse feignasse

1 Regarder la télé en portant 1 litre d'eau + un bouillon cube à ébulition.

2 En téléphonant, ajouter un sachet de salade (défraîchie, ça va aussi).

En option: un galet d'épinards surgelés.

3 Aprés 15 minutes, récupérer les feuilles cuites avec une écumoire et les mixer pendant 5 minutes, le temps de consulter vos mails.

4 Ajouter un peu d'eau de cuisson selon la consistance désirée, puis la crème. Saler et poivrer à votre goût.

C'est une soupe que faisait fréquement ma grand-mère (avec la laitue de son potager). Enfant, qu'est-ce que j'ai pu détester ses soupes... Maintenant j'en raffole et celle-ci est ma préférée.

Christelle

Petite soupe CCC

préparation : 5 min - cuisson : 20 min

Pour 8 à 10 petits verres
1 kg de carottes
1 boîte de lait de coco
1 c. à s. de cumin en poudre
1 c. à c. de sel
persil plat

Râpetout!

préparation : 5 min

Pour 4 personnes
2 à 3 petites courgettes jeunes
2 c. à s. de crème fleurette
1 pincée de sel

Pour 4 personnes
1 à 2 betteraves crues
pour la vinaigrette
2 c. à s. de vinaigre balsamique
4 c. à s. d'huile d'olive
1 c. à s. de miel
sel & poivre

Pour le fun et le plaisir des yeux, on peut s'amuser à proposer en entrée une assiette de 3 râpures : courgettes, betteraves et carottes. Beau et bon !

Terrine bikini

préparation : 20 min - prise : 2 ou 3 h

Pour 6 personnes
500 g de légumes surgelés mélangés
3 blancs de poulet
1 demi-citron lavé
1 bouquet de persil plat
1 branche d'estragon
6 feuilles de gélatine
ou 4 g d'agar-agar
sel & poivre

1 Cuire dans 1,5 l d'eau salée et poivrée les légumes et les petits morceaux de blanc de poulet.

(10 à 15 min à partir du frémissement)

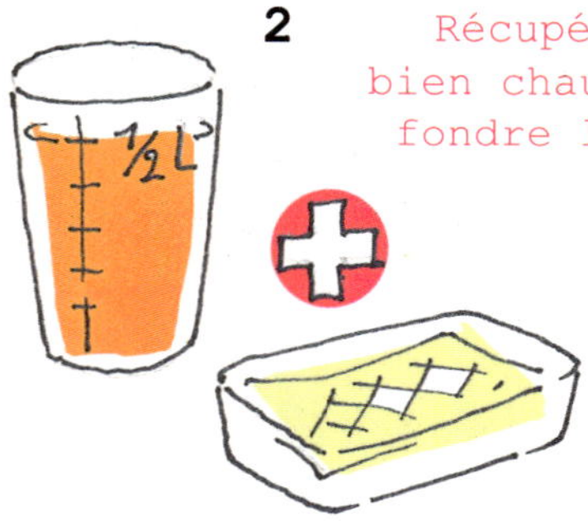

2 Récupérer 50 cl de bouillon bien chaud et y faire fondre la gélatine.

3 Ajouter aux légumes un peu d'estragon et beaucoup de persil plat.

Pour ceux qui n'utilisent plus la gélatine : 4 g d'agar-agar dilués dans 25 cl du bouillon tiède, ce mélange porté et maintenu à frémissement pendant 2 min et ensuite incorporé rapidement au reste (25 cl) du bouillon refroidi feront aussi bien ... si ce n'est mieux...

4 Filmer un plat à cake, remplir du mélange légume-poulet, verser le bouillon + gélatine dessus et faire prendre au réfrigérateur.

Avec un petit peu de crème, c'est divin.

extra pour rentrer dans son BIKINI

Smoothie concombre

préparation : 5 min

Pour 6 verres
1 concombre
33 cl de crème fleurette
sel & poivre
Menthe à volonté

et un Blender
oui oui...

Mixer tout ensemble assez longtemps pour que ça mousse et répartir dans les verres, servir immédiatement.

> Un de nos amis (Grand Chef) en fait une version avec du chèvre frais (en plus) et du piment en poudre.
>
> Clo

Crousti-chèvre

préparation : 5 min - cuisson : 15 min

Pour 5 personnes
1 paquet de feuilles de brick
2 petits chèvres frais
1 pot de pesto verde
ou
1/2 petit bocal de tomates confites

les invités arrivent dans 3 minutes...

feuilles de brick | chèvre frais | pesto verde | tomates confites

Version 1

Étaler une c. à c. de pesto, déposer une tranche de chèvre et plier en paquet.

Version 2

Répartir une demi tomate découpée en lamelles, déposer une tranche de chèvre et plier en paquet.

Faire autant de paquets que nécessaire.

Passer au four à 200 °C pendant environ 15 min.

Et servir avec une bonne salade verte.

C'est une petite entrée sympa et facile à réinterpréter en fonction de ce qu'il reste au fond du garde-manger : chèvre-fruits secs, chèvre-poire, chèvre-miel...

Christelle

Tatin fleur

préparation : 10 min - cuisson : 45 min

Pour 6 personnes
1 rouleau de pâte feuilletée
4-5 tomates mûres
2 courgettes
1 oignon
(ou 3 échalotes)
3 c. à s. de vinaigre balsamique
4 c. à s. d'huile d'olive
3 sucres
sel & poivre

1- Faire chauffer 4 c. à s. d'huile d'olive, 3 c. à s. de vinaigre balsamique et 3 sucres. Saler et poivrer.

2- Dans ce "caramel", déposer une couronne de 1/2 petites tomates, une autre de rondelles de courgettes, puis des 1/4 d'oignons et au centre 1/2 tomate. Ajouter quelques feuilles de basilic.

3- Sur le dessus, étaler un rouleau de pâte feuilletée. Replier les bords sur le dessus. Passer au four (180 °C) jusqu'à ce que la pâte soit dorée.

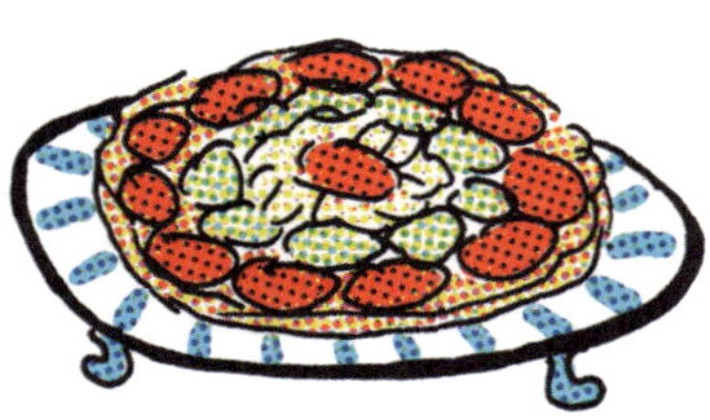

4- Démouler délicatement au dernier moment et déguster froid.

Petits puddings salés

préparation : 15 min - repos : 1 h - cuisson : 25 min

Pour 6 à 8 personnes
1 baguette de pain rassis
1 boîte (400 ml) de lait de coco
5 œufs
1/2 c. à c. de pâte de curry
200 g de lardons
1 bouquet de persil plat
2 petits piments frais
1 morceau de gingembre frais
sel (très peu) & poivre

COCO-CURRY

Dans un saladier, mélanger tout ça !

Ajouter le pain en morceaux, tasser et laisser tremper 1 heure. Quand il est détrempé, écraser et mélanger à la fourchette.

Émincer les piments et le gingembre, effeuiller le persil et les ajouter, ainsi que les lardons, à la préparation.

Remplir les petits moules et cuire 20 à 25 min à 180 °C.
Servir avec un coulis de tomates et une salade croquante.

Curry de légumes

préparation : 15 min - cuisson : 25 min

Pour 8 personnes
4 carottes
3 courgettes
2 oignons
1 chou-fleur
1 grosse poignée de noix de cajou
2 yaourts
1 c. à c. de 4 épices
2 c. à c. de curry
1 c. à c. de gingembre
1 pincée de chili
1 c. à s. de graines de coriandre
1 c. à s. d'ail surgelé
50 g de beurre de cuisson

Faire revenir 3 à 4 min dans le beurre les oignons, puis les carottes.
Ajouter ensuite les épices et l'ail.
Introduire ensuite le chou, puis les noix et 5 min plus tard les courgettes en rondelles.
Verser enfin les yaourts.
Mélanger bien, couvrir et laisser cuire à feu doux environ 15 min (surveiller).

Foie gras (fastoche)

préparation : 15 min - repos : 1 nuit - cuisson : 40 min

Pour 8 personnes
1 foie gras de canard (600 à 700 g)
10 cl de cognac
5 cl de porto (blanc de préférence)
1 c. à c. de sel
1/2 c. à c. de 4 épices
3 tours de moulin 5 baies

1 À l'aide d'un petit couteau, dénerver le foie en retirant les nerfs et les vaisseaux rouges les plus importants. Pour cela, le foie doit être à température ambiante. L'opération ne doit pas prendre plus de 10 min.

Dénerver

2 Déposer les morceaux obtenus dans un saladier, recouvrir des autres ingrédients de la recette, filmer et placer au frigo pour la nuit.

faire mariner

3 Le lendemain, sortir le foie du frigo 1/2 h à l'avance. Jeter la marinade, puis tasser les morceaux au fond d'une terrine. Mettez-y les doigts comme si c'était de la pâte à modeler.

tasser

cuire

4 Faire cuire au bain-marie, à feu très doux, terrine fermée pendant 40 min. L'eau ne doit pas bouillir, ni même frémir : l'idéal c'est 70 °C.

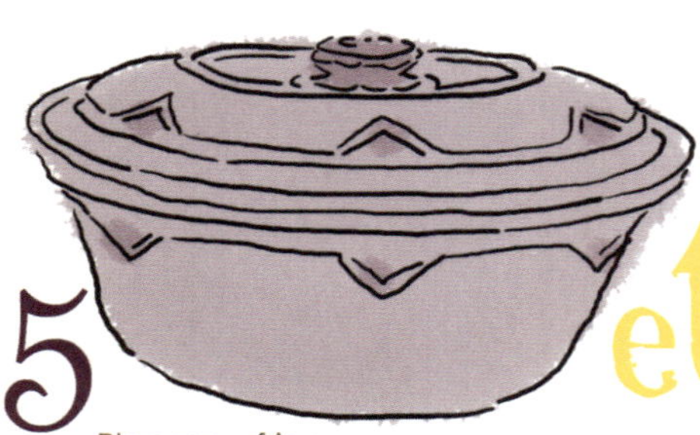

5 Placer au frigo.

et attendre...
le lendemain pour déguster

Chutney merveilleux

préparation : 20 min - cuisson : 30 min environ

Pour 6 pots de confiture (ou plein de petits)
800 g de pommes
3 oignons
400 g de sucre
2 t (300 g) de mélange exotique
1 t (150 g) d'amandes
1 c. à s. de muscade en poudre
1 c. à s. de gingembre frais émincé
5 étoiles de badiane
2 bâtons de cannelle
40 cl de vinaigre de vin
1 c. à s. de sel fin

Dans une marmite, faire revenir les oignons émincés, ajouter les pommes épluchées et en morceaux, le sucre, les fruits secs et toutes les épices, le sel et verser le vinaigre.

Laisser mijoter au moins 20 min en tournant de temps en temps.

Quand la texture est celle d'une confiture un peu épaisse mettre en pots.

Ce chutney se conserve comme les confitures.

Bouchées au sésame

préparation : 2 min - cuisson : 15 min

Pour 3 à 4 personnes
2 blancs de poulet
1 citron
1 c. à s. de sésame
1 c. à s. de sauce de soja

POULET HOP HOP

Verser sur les blancs encore surgelés le jus d'un citron.

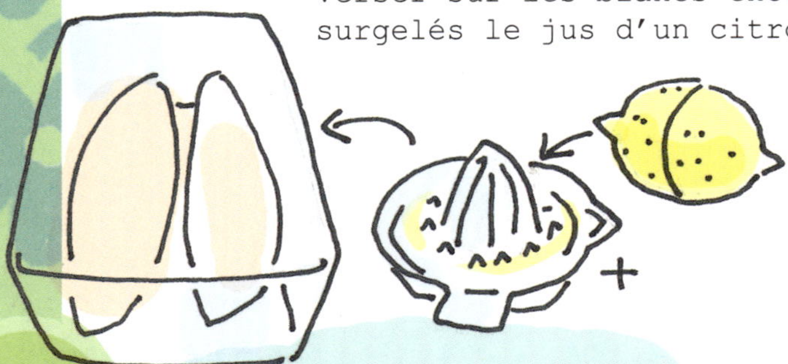

HOP = Cuire à four très chaud, 15 min à 250 °C.

HOP = Couper les blancs cuits et les remettre dans le plat avec les graines de sésame et la sauce de soja.

Bien mélanger pour déglacer le plat.

Légumes aigres-doux

préparation : 10 min - cuisson : 2 h

Pour 6 à 8 personnes
8-10 carottes
3-4 courgettes
1 botte d'oignons rouges
3-4 gousses d'ail
1 boîte de tomates en dés (400 g)
5 c. à s. de vinaigre
3 c. à s. de miel
2 c. à s. de sauce de soja
1 verre d'eau
(+ 2 à 3 en cours de cuisson)

Éplucher et détailler les légumes en bâtonnets. Les disposer dans un plat à gratin avec les tomates en dés, le vinaigre, le miel, la sauce de soja et un verre d'eau.

Mélanger tout

Et zou, au four pour 2 h (au moins) à 150 °C, ajouter 1 verre d'eau toutes les 45 min.

Pain aux escargots

préparation : 5 min - cuisson : 10 min

Pour 6 personnes
2 demi-baguettes pré-cuites
1 boîte de 3 douzaines d'escargots
1 rouleau de beurre persillé aillé surgelé

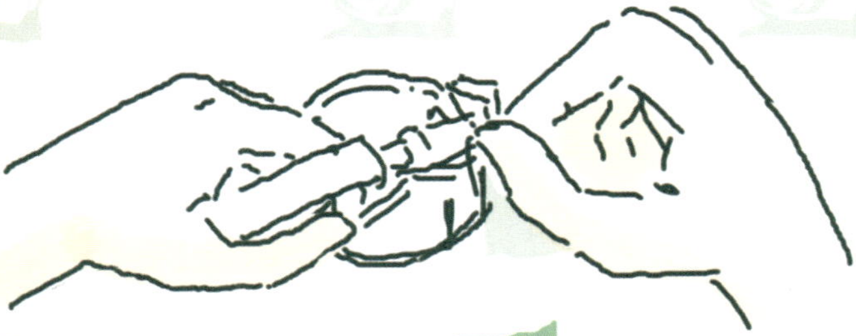

1 Ouvrir la boîte d'escargots et vider le jus.

2 Couper des rondelles, d'un centimètre de large, de beurre aillé encore congelé.

3 Couper les baguettes en deux et les remplir avec les rondelles de beurre aillée. Elles peuvent se chevaucher. Puis déposer les escargots sur le beurre.

4 Bien appuyer sur les baguettes pour les aplatir légèrement. Déposer sur des plaques de cuisson.

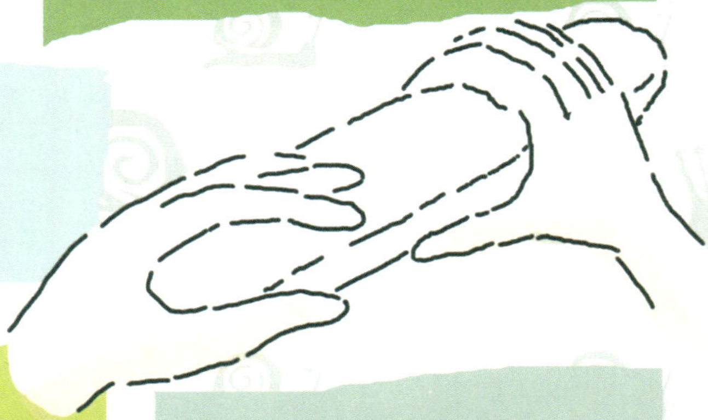

5 Enfourner à 200 °C et laisser jusqu'à ce que le pain soit doré (environ 10 min).

6 Découper en mini-sandwichs de 2 cm de large avec des ciseaux et servir bien chaud.

Salade cru-cuit

préparation : 10 min - cuisson : 20 min

Pour 6 personnes
1 fenouil cru
3 ou 4 branches de céleri
1 ou 2 pommes acidulées
200 g de petits pois
200 g de haricots verts
1 demi-concombre
1 demi-laitue
persil plat
Pour la vinaigrette
2 c. à s. de vinaigre balsamique
2 c. à s. d'huile d'olive
1 c. à s. de miel
1/2 bouquet d'aneth
sel & poivre

Cuire à la vapeur les haricots et les petits pois, pas trop : ils doivent rester croquants. Éplucher et découper les autres légumes en bâtonnets. Déchirer la salade et le persil.

Pour la vinaigrette, mélanger : le vinaigre balsamique, le sel, le poivre et le miel, ajouter l'huile d'olive et l'aneth.

Verre de vert

préparation : 3 min - cuisson : 20 min

Pour 6 personnes
1 concombre
1 avocat
1 pomme
1 pointe de cumin
sel

Mixez ensemble le concombre, l'avocat et la pomme (une Elstar si vous avez), ajoutez le cumin et une pincée de sel. Pour 2 ou 3 personnes dans des grands verres ou 6 ou 8 dans des petits à l'apéro... C'est vous qui voyez.

Estouffade étonnante

préparation : 5 min - cuisson : 30 min

Pour 4 personnes
2 pommes épluchées
2 courgettes pelées à demi
1 rondelle de citron
1 c. à s. d'huile d'olive
sel

Petite Compote Pommes-Courgettes

Émincer en petits cubes
les pommes,
et les courgettes,
confire à l'étouffé
avec la rondelle de citron
le sel et
l'huile d'olive.

Gâteau façon macaron

préparation : 25 min - cuisson : 15 min

Pour 6 personnes
Pour la ganache
150 g de chocolat au lait
2 c. à s. de crème fraîche
100 g de beurre
Pour le macaron
125 g de poudre d'amande
200 g de sucre glace
3 blancs d'œufs
4 c. à s. de sucre
4 c. à s. bombées
de cacao amer

1

Mettre le chocolat et le beurre 3 min au micro-ondes puissance maxi.

Ajouter la crème, mélanger et mettre le tout au réfrigérateur le temps de faire le reste.

2

Mettre dans un robot (avec la lame) la poudre d'amande, le sucre glace et le cacao et laisser tourner quelques minutes.

3 Battre les blancs en neige bien ferme et ajouter à la fin les cuillères de sucre. Battre à nouveau quelques instants.

4 Incorporer les blancs en neige au mélange amande, sucre glace, cacao.
Ils vont retomber un peu, pas de stress, c'est normal.

5 Glisser le tout dans une poche à douille et faire 2 grands disques sur du papier sulfurisé posé sur 2 plaques à pâtisserie.
Enfourner pour 15 minutes à 180 °C (four déjà bien chaud).
Lorsqu'ils sont cuits, laisser refroidir les 2 macarons.

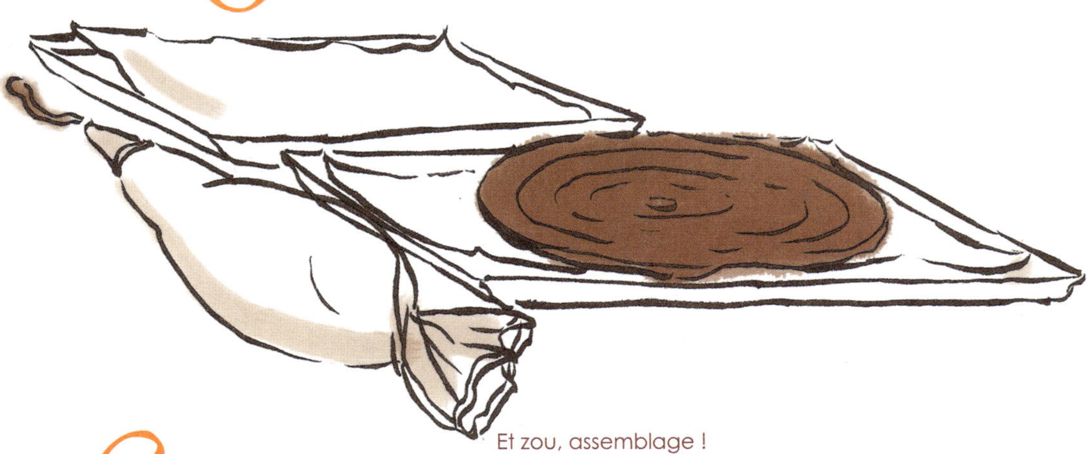

6 Et zou, assemblage !
Sur le premier disque déposer, à l'aide d'une poche à douille ou à la spatule, la ganache qui doit maintenant avoir la consistance d'une pommade puis poser le second disque au dessus.
Saupoudrer de sucre glace... et planquer jusqu'au moment de servir !

Nougat glacé

préparation : 15 min - repos : 6 h

Pour 8 personnes
250 g de mascarpone
3 œufs
4 c. à s. de miel
50 g d'oranges confites
80 g de cramberries confites
50 g d'amandes émondées
50 g de poudre de noisette
50 g de pignons de pin
3 c. à s. de sucre

1 Battre les blancs en neige, déposer les jaunes dans un saladier.

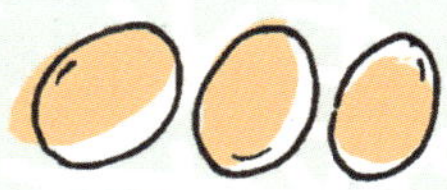

2 Passer le miel 2 min au micro-ondes et ajouter aux blancs.

3 Mélanger les jaunes avec le mascarpone et puis ajouter les blancs au miel.

4 Dans une poêle faire dorer les amandes, les pignons et la poudre de noisette. Puis ajouter le sucre et faire caraméliser 2 min. Continuer à mélanger.

6 Chemiser un moule à cake avec du film cellophane, verser le mélange et passer au congélateur au moins 6 heures.

5 Mélanger la crème avec les fruits confits et les fruits secs.

Un zeste de compote

préparation : 10 min - cuisson : 1 h au moins

Pour 6 personnes
9 pommes
1 orange
un peu d'eau
1 c. à s. de miel

Placer dans une cocotte en fonte,
des pommes épluchées, épépinées
et coupées en petits morceaux,

le zeste d'une orange bien lavée,

une cuillère de miel et une petite tasse d'eau.

Couvrir et laisser mijoter à four tout doux (110 °C)
pendant au moins une heure...

C'est dans un adorable salon de thé de la rue de l'Université à Paris que j'ai dégusté pour la première fois cette compote ultra légère et si parfumée à l'orange. Je n'ai pas osé demander la recette mais depuis, je me fais cette petite compote en pensant à ces abeilles... et aux scones divins qui l'accompagnaient.

Clo

Épate au coing

préparation : 5 min - cuisson : 3 min

Pour 2 personnes
1 coing
1 c. à s. de sucre
2 boules de glace vanille
4 biscuits à l'orange

Les coings à rien c'est DIVIN

Laver la bête, on ne va même pas l'éplucher !

Couper le coing en deux. OK, c'est un peu dur !

Avec l'économe enlever le cœur et les pépins. ça va... c'est la fin des efforts !

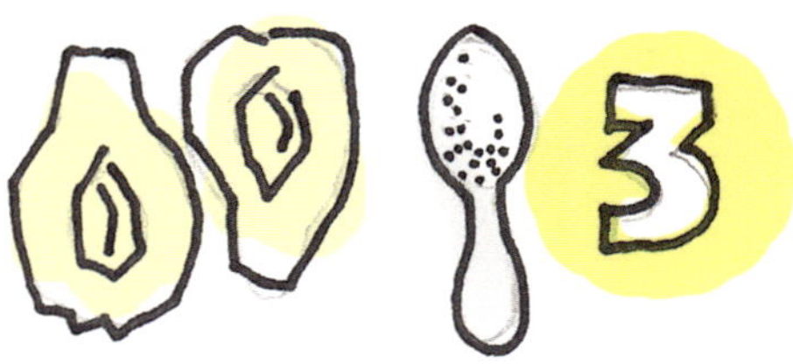

Placer les fruits dans un ramequin qui va au micro-ondeset saupoudrer de sucre.

Couvrir et hop, 3 min au micro-ondes. Voilà, c'est cuit.

Inciser les demi-fruits pour les présenter en éventail, accompagner d'une boule de glace vanille et d'un hachis de biscuits à l'orange.

Verrines de cerises

préparation : 10 min - refroidissement 2 h

Pour 6-8 personnes
700 g de cerises fraîches ou surgelées
1,5 verre (30 cl) de jus d'orange
2 g d'agar-agar ou 4 feuilles de gélatine

Mendiants blancs

préparation : 7 min

Pour 6 personnes
1 pot (250 g) de fromage blanc
2 ou 3 bananes
1 poignée de dattes
1 poignée de figues sèches
1 poignée d'abricots secs
1 poignée de noix
2 c. à s. de miel
1 ou 2 c. à s. de cannelle

Crumble glacé

préparation : 10 min

Pour 6 à 8 coupes
1 l de glace à la vanille
1 paquet de spéculoos
2 grappes de raisin noir
4 ou 5 figues sèches
2 c. à s. de sucre brun
2 c. à c. de cannelle
1 petit verre d'armagnac

Poêler dans du beurre salé
les grains de raisins,
les fruits secs découpés en bâtonnets
ainsi que les noix et l'armagnac.
Poudrer de sucre brun et de cannelle.

Verser ce mélange chaud sur la glace vanille
recouvrir de spéculoos broyés.

Soupe de fraises

préparation : 5 min - pas de cuisson

Pour 6 personnes
750 g de fraises
1 verre de vin apéritif rouge
1 verre de jus de framboises
Sorbet de framboise ou vanille

Parfois les fraises ont une plastique impeccable mais un goût proche du néant... Du coup, je suis obligée de les booster à coup de vin apéritif : mon chéri, qui préfère normalement les fruits au naturel, en raffole. C'est vraiment un dessert de-fille-qui-a-été-faire-les-soldes au lieu de préparer-à-manger-pour-ses-invités, une recette de dernière minute quoi !

Christelle

Panacoco

préparation : 10 min - au frais : minimum 3 h

Pour 6 / 8 personnes
50 cl de crème fleurette
4 feuilles de gélatine
20 cl de lait de coco
50 g de sucre
40 framboises (surgelées)

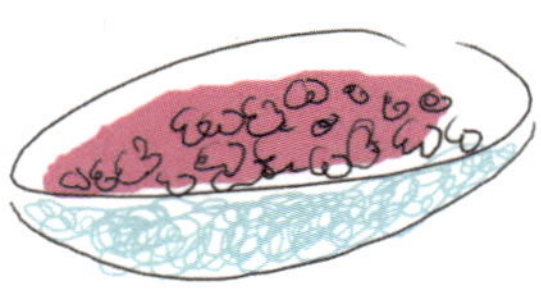

1 Faire décongeler les framboises.

2 Faire chauffer crème, lait de coco et sucre.

3 Hors du feu, ajouter la gélatine ramollie dans un peu d'eau. Faire dissoudre.

4 Verser dans 8 petits verres.

5 Poser 5 framboises sur chaque verre et laisser prendre.

Verrines poires de choc

préparation : 15 min - repos : 1 nuit

Pour 8 personnes
250 g de marscarpone
25 cl de crème fleurette
2 c. à s. de sucre vanillé (p. 146)
8 demi-poires au sirop
1 c. à s. de liqueur d'amande
8 biscuits sablés friables
16 bonbons chocolat-caramel croquants

Battre 5 min au fouet le mascarpone, la crème et le sucre.

Couper les poires en morceaux (en les égouttant à peine) et verser dessus la liqueur. Briser grossièrement les biscuits et les répartir dans les gobelets.

Exploser en miettes les bonbons en tapant le sac (fermé) contre le plan de travail.

Remplir les verrines en superposant les couches, laisser reposer une nuit au frigo.

Juste avant de servir, poudrer d'un nuage de cacao.

Poires au vin épicées

préparation : 15 min - cuisson : 1 h 30

Pour 6 personnes
6 poires pas trop mûres
50 cl de vin blanc
25 cl d'eau
150 g de sucre
1 bâton de cannelle
1 gousse de vanille
1 pincée de
4 épices

1 Éplucher les poires.

2 Composer une marinade avec le vin blanc, l'eau, le sucre, la cannelle, la gousse de vanille et le 4 épices.

3 Faire cuire à feu très doux une bonne heure (ou plus). La pointe d'un couteau doit pouvoir entrer sans effort dans les poires.

4 Mettre les poires au frais et faire réduire le jus en sirop.

Au moment de servir napper les poires fraîches avec le sirop chaud.

C'est un dessert idéal à servir quand les convives ne sont pas très fans de pâtisserie... En général, il passe tout seul et termine tranquillement un repas un peu copieux.

Mini-rochers

préparation : 20 min - refroidissement : 20 min + 1 heure

Pour 15 rochers
200 g de pralinoise
60 g de gavotte (crêpes dentelles)
120 g de chocolat noir 70 %

1 Passer la pralinoise au micro-ondes, 1 min, puissance maxi.

2 Mélanger.

3 Émietter les gavottes dans la pralinoise, mélanger et laisser prendre au frais 20 min.

4 Râper le chocolat noir et passer la moitié 1 min au micro-ondes (maxi). Ajouter la seconde moitié qui va fondre également.

5 À l'aide d'une petite cuillère, confectionner des boules avec la pralinoise.

6 Les tremper dans le chocolat

Les laisser durcir sur une feuille de papier sulfurisé.

et les offrir...

Florentins

préparation : 15 min - cuisson : 15 mn

Pour une bonne fournée
100 g de beurre
100 g de cassonade
100 g de miel
75 g de fruits confits en morceaux
75 g d'orange confite en petits cubes
50 g de raisins secs
75 g d'amandes effilées
75 g de poudre de noisette
100 g de chocolat noir

- Faire chauffer le beurre, le sucre et le miel jusqu'à ce que le sucre soit dissous.
- Hors du feu, ajouter tous les autres ingrédients sauf le chocolat.
- Étaler la préparation sur une feuille de papier sulfurisé posée sur une plaque à pâtisserie.
- Enfourner à 150 °C pour 15 à 20 min.
- Couper en carrés aux ciseaux quand la préparation est encore tiède.
- Couvrir une face de chocolat fondu et laisser durcir le chocolat avant de déguster.

C'est une recette un peu magique qui séduit toujours énormément. Elle est pourtant très simple mais tout le monde s'imagine qu'il faut une habileté incroyable pour y arriver. Inutile de décevoir vos convives : "Oui, oui, c'est vraiment compliqué..."

Christelle

C'est moi
qui l'ai fait !

Fabriquer son caramel liquide (au lieu de l'acheter en bouteille), sa chantilly (pour éviter les bombes), sa crème anglaise (pour ne pas ouvrir une brique), etc... C'est un peu notre fantasme de "*La petite maison dans la prairie*", une nostalgie du "fait-maison". Une façon de se dire que même s' il n'y a pas des sacs de farine et de sucre au grenier et qu'on ne fabrique pas notre pain tous les matins, nous n'avons pas complètement cédé au tout industriel pour autant ! Et même si nous n'avons pas trop d'états d'âme à emmener de temps en temps les enfants au fast-food du coin ni a ouvrir un paquet de knackies, il ne sera pas dit qu'ils ne connaissent pas le bonheur du "home made".

Évidemment, dans ce cas on s'expose à :
- Non mais on ne pourrait pas avoir de la compote Nor-Ma-Le ?
- Qu'est-ce qui ne va pas ? Elle est délicieuse cette compote faite avec les pommes du prof de piano !
- C'est ce que je disais ! Ce n'est pas de la normale, j'en veux de la chimique moi, en petite barquette...

C'est exaspérant, mais que celui qui n'a jamais fini un pot de pâte à tartiner industrielle aux noisettes, lui jette la première pomme...

Sauce tomate de dépannage

préparation : 15 min - cuisson : 10 min

Pour 1 litre de sauce
1 boîte (1kg) de tomates pelées
1 sachet de soupe à l'oignon

On dit qu'il vaut mieux une bonne conserve de tomates récoltées au bon moment qu'un sac de choses rouges et sans goût... Cette solution (pas très réglementaire) donne un résultat très correct et assure la sauce des pâtes ou la garniture de 2 grandes pizzas.
Ajouter par exemple **mozarella et basilic** pour une **Marguerita** ou **jambon, champignon, fromage et origan** pour une **Régina** ; **anchois, câpres, olives et fromage râpé** pour une **Napolitaine**.
Cuisson d'une pizza : 20 min à 230 °C.

Pâte (levée) à pizza

préparation : 10 min - repos 1 h + 1/2 h

Pour 2 grandes pizzas
1/2 cube de levure fraîche
30 cl d'eau tiède
1 c. à c. de sucre
500 g de farine
1 c. à c. de sel
4 c. à s. d'huile d'olive

Délayer le sucre et le demi-cube de levure fraîche dans 100 ml d'eau tiède, au bout de quelques minutes, ce mélange "mousse" : la levure est "activée" et prête.

Verser sur la farine, le sel, les 20 cl d'eau restants, l'huile d'olive ainsi que le "levain". Pétrir 3 min. Couvrir et placer dans un endroit chaud.

Laisser lever 1 h.

Diviser en 2 pâtons.

Étaler sur les plaques, couvrir et laisser lever encore 1/2 h.
La pâte est prête à être garnie.

Version express

Pour une grande plaque :
Mélanger 250 g de farine, 1 sachet de levure sèche, 1/2 c. à c. de sel et autant de sucre, 150 ml d'eau tiède et 2 c. à s. d'huile d'olive. Couvrir et laisser lever 1 h, étaler, laisser encore lever 1/2 h . Garnir.

Pâte à pâtes

préparation : 5 min - repos : 1 h - cuisson : 5 min

Pour 8 personnes
400 g de semoule fine de blé dur
(à défaut 400 g de farine)
4 œufs
1/2 c. à s. de sel

Mélanger les ingrédients
pétrir, filmer,
laisser reposer 1 h environ.
Diviser la pâte en 6 pâtons,
les étaler un peu
et découper à la machine.

Découper les pâtes peu de temps avant de les cuire et les étaler côte à côte sur un grand torchon en attendant. Ne pas les empiler sous peine de plonger un bloc dans la marmite !
Sinon, pour la cuisson, c'est très rapide : porter à ébulition une grande quantité d'eau salée, ajouter un trait d'huile d'olive, jeter les pâtes, quand elles remontent à la surface elles sont *al dente* (3 min maxi).
Et pour la sauce, une des 4 propositions de la page suivante, quelques tomates cerises, un peu de parmesan et... à table !

Tapenades & pestos

préparation : 5 min

Pour 2 pots de tapenade
1 boîte (200 g égouttées) d'olives dénoyautées
1 petit pot (100 g)d'anchois à l'huile d'olive
1/2 (50g) petit pot de câpres égouttées

Pour 2 pots de pesto
1 bouquet de basilic
100 g de parmesan
100 g de pignons
20 cl d'huile d'olive

Pour 2 pots de pesto à la roquette
1 belle assiette de roquette
100 g de cerneaux de noix
100 g de parmesan
20 cl d'huile d'olive

Pour 2 pots de tapenade rouge
1 pot (200g) de tomates séchées
100 g d'anchois à l'huile
50 g de câpres égouttées

Ces préparations se conservent dans un bocal fermé facilement 15 jours au frigo en attendant d'assaisonner des assiettes de pâtes ou de faire des petites tartines pour un apéro improvisé.

Biscottes et Chapelure

préparation : 3 min - cuisson : 10 min

Pour ne pas perdre
le pain rassis

Pudding

préparation : 5 min - repos 1 h au moins - cuisson : 45 min

Pour 6 à 8 personnes
1 baguette rassise
50 cl de lait
5 œufs
2 ou 3 c. à s. sucre
1 c. à s. cognac
1 t (200 g) de raisins secs

Découper l'équivalent d'une baguette en morceaux.

Mélanger le lait, les œufs, le sucre et le cognac.

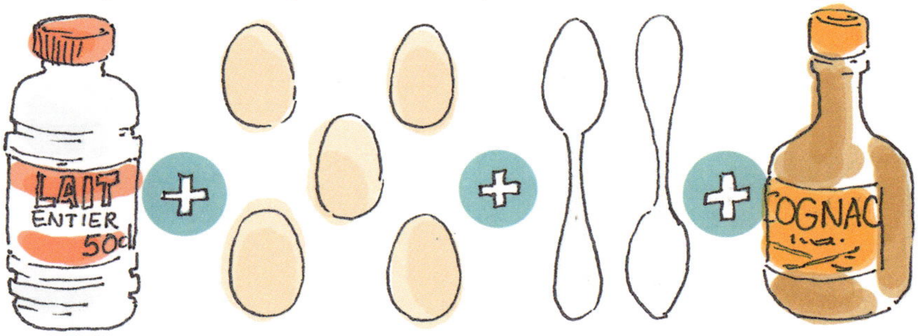

Faire tremper le pain et les raisins dans ce mélange au moins 1 h.

Tasser dans un moule à cake et enfourner 45 min à 180°C.

Pour une **version tout chocolat** :
Remplacer le sucre en poudre par 3 cuillères à soupe de chocolat en poudre (celui du petit déjeuner des enfants convient parfaitement) et remplacer les raisins par autant de pépites de chocolat mais ne les incorporer qu'au moment de verser dans le moule.

Pate à tartiner indécente

préparation : 15 min - cuisson : 10 min

Pour 3 à 4 pots
250 g de beurre salé
100 g de chocolat noir
12 caramels
65 g de poudre de noisettes
1 boîte (397 g) de lait concentré sucré

Faire fondre **le beurre** avec **les caramels** et **le chocolat**.

Verser **la poudre de noisette** éventuellement remixée pour obtenir une texture plus lisse.

Ajouter la boîte de **lait concentré**, mélanger.

Ne pas goûter au fur et à mesure. S'il en reste, mettre en pots.

Pour une pâte plus classique (et très connue), remplacer le beurre salé par de la margarine (important), les caramels par 100 g de chocolat et mixer le plus finement possible la poudre de noisettes (éventuellement même tamiser) pour obtenir la texture la plus lisse possible. Vraiment aucune idée du temps de conservation de ce genre de chose (au frigo de toute façon) chez moi les pots se vident mystérieusement avant la troisième journée...

Clo

Lemon curd

préparation : 5 min - cuisson : 10 min

Pour 1 pot
3 citrons
3 œufs
200 g de sucre
2 c. à c. de maïzena

1

Presser le jus des citrons, ajouter éventuellement de l'eau pour obtenir 20 cl de liquide. Recueillir le zeste d'un citron et l'ajouter au jus.

2

Délayer la maïzena dans le jus de citron et ajouter le sucre.

3

Passer 2 fois 1 min 30 s au micro-ondes puissance maxi.

4

Ajouter les œufs battus en omelette et mélanger.

5

Passer au micro-ondes 4 fois 1 min 30 s en mélangeant au fouet entre chaque passage. Laisser refroidir.

Avec ces proportions vous garnissez un fond de tarte (pâte sablée) pour faire une tarte au citron.

Caramel liquide

préparation et cuisson : 15 min

Pour à peu près 40 cl de caramel
250 g de sucre cristallisé
2 c. à c. de vinaigre d'alcool
25 cl d'eau bouillante

Des choux (p. 144), de la chantilly et du caramel liquide… Hummm…

Chantilly

préparation : 5 min

Pour 25 cl de crème
25 cl de crème fleurette
2 c. à s. de sucre glace

Mousse légère

préparation : 10 min - repos : 1 heure

Pour 6 personnes
pour la mousse :
400 g de fromage blanc à 20 %
3 blancs d'œufs
1 c. à s. de sucre "light"
10 cl de crème fleurette
1 g d'agar-agar
pour la gelée :
20 cl d'eau
1 bol de fruits rouges surgelés
1 c. à c. de sucre "light"
1 g d'agar-agar

pour la mousse :

Diluer 1 g d'agar-agar dans la crème fleurette, porter et maintenir 2 min à frémissement et incorporer ce mélange rapidement au fromage blanc sucré.

Monter les blancs en neige et les incorporer au mélange.

pour la gelée :

Diluer 1 g d'agar-agar dans 20 cl d'eau, porter à ébullition, verser les fruits et le sucre, maintenir 2 min à frémissement. Verser cette gelée dans le fond des verrines et compléter avec la mousse.

Yaourts maison

préparation : 10 min - yaourtière : 1 nuit

Pour 8 pots dans une yaourtière
80 cl de lait (entier ou demi-écrémé)
1 yaourt nature
1 pot (100 g) de sucre
1 pot (40 g) de lait en poudre

Tiédir le lait.
(40 °C environ)

Délayer dans le lait tiède le yaourt, le sucre (ou le sirop) ainsi que le lait en poudre.

Bien mélanger pour que les poudres se dissolvent bien.

Remplir les 8 pots
et laisser faire (une nuit entière) la yaourtière.
Les yaourts sont meilleurs après une journée au frigo.

Pour parfumer vos yaourts, n'hésitez pas à remplacer le pot de sucre : par du sucre vanillé (p.146) ou par du sirop de fraise ou de framboise (vos yaourts seront d'un joli rose), la violette et la menthe ont leurs adeptes, etc...
Mon secret pour les réussir au citron, c'est 7 gouttes (pas plus !) d'huile essentielle de citron ajoutées à la préparation de base.

Clo

Crème au chocolat

préparation : 2 min - cuisson : 5 min

Pour 4 à 6 personnes
25 g de Maïzena
40 g de cacao amer
80 g de sucre
1/2 l de lait

Recette spéciale pour épater vos enfants !

1 - Délier la Maïzena dans un tout petit peu de lait.

2 - Ajouter ensuite les autres ingrédients et mélanger.

3 - Passer au micro-ondes 3 fois 1 min 30 s puissance maxi.

4 - Fouetter entre chaque passage au micro-ondes puis pendant le refroidissement.

Déguster bien frais !

Pas de stress si, au bout de 3 tours au micro-ondes, la crème n'est pas prise, c'est que votre four chauffe un peu moins fort que le mien : il faut alors ajouter 1 ou 2 passages dans votre micro-ondes. Il est aussi tout à fait possible de préparer la crème dans une casserole sur la cuisinière...

Christelle

Crème anglaise express

préparation : 5 min - cuisson : 1 min 30 s

Pour 4 personnes
3 jaunes d'œufs
3 c. à s. de sucre
1 c. à s. de Maizena
1/2 l de lait
extrait de vanille

Magique !

Dans un saladier, mettre le lait à chauffer 3 min puissance maxi au micro-ondes avec quelques gouttes d'extrait de vanille.

Pendant ce temps, mélanger les jaunes, le sucre et la Maïzena au fouet.

Quand le lait est chaud, ajouter le mélange en fouettant. Passer 1 min 30 s au micro-ondes.
Prononcer la formule magique...
Et c'est fini !

Pour faire des îles flottantes, on peut aussi monter les 3 blancs d'œufs restants en neige, y ajouter 100 g de sucre, puis faire des îles à l'aide d'une cuillère à soupe et cuire une à une ces îles, une minute au micro-ondes (puissance maxi).

Pâte à choux

préparation : 15 min - cuisson : 30 min

Pour 60 choux
250 g de farine
200 g de beurre
15 g de sucre
6 g de sel
1/2 l d'eau
8 œufs

Préchauffer le four à 200 °C.

1 Porter à ébulition l'eau mélangée au sucre, au sel et au beurre.

2 Quand l'eau bout, ajouter, en une fois, la farine.

3 Mélanger rapidement pour obtenir une pâte épaisse. Lorsque la pâte se détache de la casserole: couper le feu.

4 Ajouter un premier œuf.

5 Mélanger bien jusqu'à ce que la pâte soit à nouveau homogène.

6 Incorporer les œufs un à un en mélangeant bien entre chaque nouvel ajout.

7 Sur une plaque à pâtisserie recouverte de papier sulfurisé, déposer des rosaces à l'aide d'une petite cuillère.

Passer au four bien chaud, à 200 °C pour 1/2 heure environ. Si besoin, prolonger la cuisson de 10 min porte entrouverte pour les "sécher".

On ne dira jamais assez combien les choux sont pratiques ! En général, je fais les deux tiers de ma fournée avec cette recette et je les sers soit en profiteroles (glace à la vanille et sauce chocolat) soit fourrés à la chantilly et recouvert de caramel, façon saint-honoré. Pour le tiers restant, j'ajoute du gruyère râpé du sel, du poivre et je cuis de la même façon. On peut alors les servir chauds pour l'apéro ou fourrés de fromage de chèvre et repassé au four quelques minutes en entrée avec une salade verte.

Christelle

Pâtes à tartes

préparation : 10 min - cuisson : 1h30

Pour 1 grand fond de tarte
2 t (250 g) de farine
1/4 t (60 ml) d'eau glacée
120 g de beurre mou
1/2 c. à c. de sel

Pâte brisée

Pétrir rapidement (50 s)
former une boule, filmer,
laisser reposer 1 h au frigo.

Variante : ajouter 1 c. à s.
de cumin en poudre.

Pour 1 fond de tarte sablée
2 t (250 g) de farine
1/2 t (60 g) de sucre
1 œuf
120 g de beurre mou
1 pincée de sel
1/2 c. à c. de camelle
ou le zeste d'un demi-citron

Pâte Sablée

Mélanger les poudres, ajouter le beurre et l'œuf,
pétrir en "sablant", former une boule, filmer,
laisser reposer 1 h au frigo.

Variante : remplacer 1 tasse de farine
par 1 tasse de poudre d'amandes et
ajouter une c. à s. d'amaretti.

Sucre vanillé

préparation : 5 min

Pour 1 kilo
1 kg de sucre
1 gousse de vanille (sèche)

Couper la gousse de vanille bien sèche en petits morceaux et la mixer avec 1 c. à s. de sucre.

Mixer encore... Il faut que ce soit très fin.

Mélanger à 1 kg de sucre et stocker dans une boîte qui ferme bien.

Un mois plus tard le sucre est vraiment parfumé.

Sorbets & glaces minute

préparation : 5 min

Pour 6 personnes
Sorbet framboise :
500 g de framboises surgelées
25 cl de sirop de sucre
1 jus de citron

Glace ananas-coco
500 g d'ananas au sirop
6 c. à s. de crème fleurette
4 c. à s. d'alcool coco
4 c. à s. rases de sucre vanillé

Glace figue-gingembre
500 g de figues
20 cl de crème fleurette
20 cl de miel
1 c. à s. de gingembre émincé

Verser les framboises sans les décongeler, le sirop de sucre et le citron dans le blender, mixer quelques minutes, servir immédiatement.

Répartir dans des bacs à glaçons (en silicone pour démouler facilement) les fruits au sirop et laisser prendre quelques heures au congélateur.
Quelques minutes avant de servir, démouler les glaçons dans le blender, verser l'alcool de noix de coco, la crème fleurette et le sucre, mixer.
Répartir dans les coupes, déguster...

Pour une version sans alcool, remplacer l'alcool (et la crème) par du lait de coco.

À la saison, congeler des figues mûres coupées en quartier. Pour une glace très raffinée, il ne reste plus qu'à les mixer (500 g) avec un peu de gingembre frais, un verre de crème fleurette et autant de bon miel.

Index

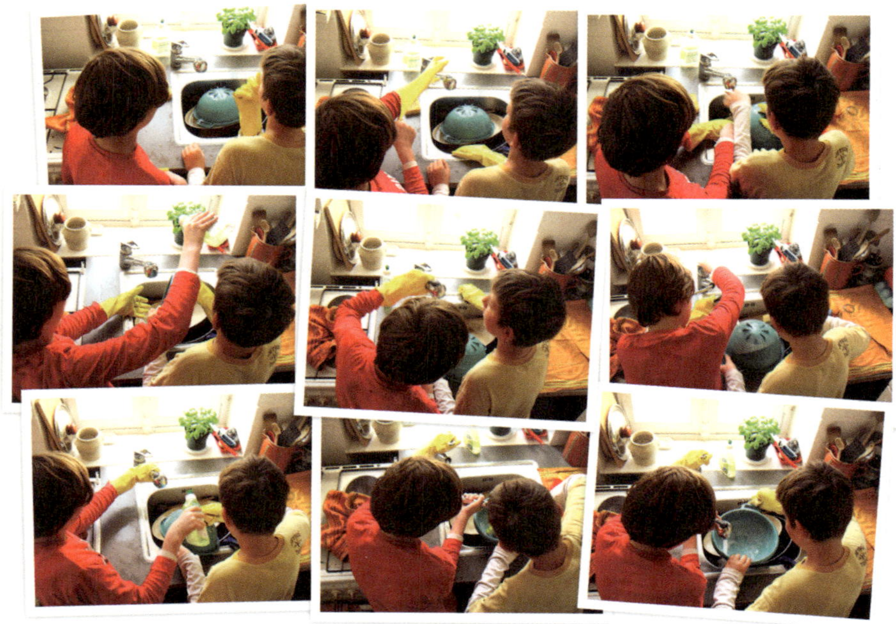

Christelle et Clotilde tiennent à remercier chaleureusement Magic'Olivier l'architecte et constructeur du blog www.tambouille.fr qui continue à réparer leurs erreurs et à y ajouter des fonctions incroyables, tout en restant un chouette copain ! Il a même réussi à sauver ce bouquin qu'un clic malencontreux avait envoyé dans le néant informatique quelques jours à peine avant la remise à l'imprimeur. Les lecteurs et copines de Tambouille qui nous encouragent, partagent, répondent et enrichissent quotidiennement le blog. Spéciale dédicace à la Trolette, The Émilie, Françoise, Cerise et Galette. Élisabeth et Emmanuel, nos éditeurs, pour avoir fait confiance à 2 filles sorties de nulle part, et nous avoir laissé faire ce qu'on voulait, gentiment. Amaryllis pour ses relectures rigoureuses et patientes. **Clotilde** a une pensée toute particulière pour : Tante Germaine et son goût déraisonnable pour les "p'tites sauces". Achille qui "boulette" si bien les cookies. Violette qui a accepté de croire que le vert de ses yeux vient des courgettes qu'elle ingurgite. Octave qui a testé avec sérieux la lisibilité des recettes "c'est quoi Maman , une " t" ? Marguerite qui réussit les crunchy nuggets comme personne, entre mille autres talents. Stéphane pour sa patience... mais là, il va pouvoir arrêter de patienter en prenant des apéros avec Hugues, va falloir trouver un autre pretexte. Mère Grand, sa maman, pour sa confiance no-limit et la transmission d'une curiosité infinie dans ce qui se mange, sans aucun préjugé sur la façon de les cuisiner. Maïma qui nous fait rêver avec les bananes séchées dans le jardin de sa maman, sa confiture de goyave maison... Elle qui jamais ne se lasse de nos desserts aux pommes. La famille élargie et les copains qui depuis un moment maintenant attendent la sortie de ce livre afin de l'avoir dans les mains bien-sûr mais probablement aussi dans l'espoir secret qu'on puisse enfin parler d'autre chose. **Christelle** aimerait aussi dire merci à : Jules qui a, entre autre, prêté ses talents et sa dextérité de cuisinier pour les photos des râp&roll carottes. Lucie qui a, entre autre, prêté ses dessins de chat et princesse pour les pages 60 et 133. Émile pour son talent de goûteur de macaron au chocolat qui l'a beaucoup fait progresser en pâtisserie. Hugues pour sa confiance tranquille dans le projet et aux 4 pour leur patience à supporter ses heures passées scotchées à son ordinateur et à sa tablette graphique. Sa maman qui lui a transmis le goût pour la cuisine, qui assure en toutes circonstances une hot ligne avec le livre des recettes familiales et qui a bien dû redonner 20 fois la recette des colachens ou du cake anglais. Son papa qui lui a toujours fait goûter les vins pour qu'elle sache les apprécier. Pépé Jules et Mémé Lucienne qui lui ont fait aimer la gelée de cassis, les gâteaux recouverts de pâte d'amande et, bien malgré elle, la soupe. La famille, les copains et les copines qui font office, à leur corps défendant et parfois à leur insu, de testeurs de recettes, des plus réussies aux plus ratées. Mais on ne dit pas merci à Monsieur Ferrero pour ses inventions, **ça non**.

Encore ? Y a du rab sur www. tambouille.fr